Roberto Lira Miranda

O DEUS ÓBVIO

Revelações de vidas ancestrais e futuras

Editor:
Roberto Lira Miranda

Diagramação:
RG Editores

Fotos e Ilustrações:
Acervo do autor

Revisão:
Myramary de Ávila

Dados Internacionais de Catalogação na Publicação (CIP)
(Câmara Brasileira do Livro. SP, Brasil)

Miranda, Roberto Lira.
O Deus Óbvio / Roberto Lira Miranda – São Paulo, 2015.

ISBN 978-85-904570-5-3

Índices para catálogo sistemático

1. Teoria do conhecimento. 2. Inteligências múltiplas. 3. o ser humano. I. Título.

CDD – 155.413
CDU – 159.95

Contato com o autor: 55 11 5561.3465

Juca gritava muito alto, alardeando seu feito e seu desafio. E nem precisava. Sua pipa destacava-se no céu, mais alta e mais imponente do que todas as outras.

Por que ninguém conseguia empinar uma pipa como ele?

O Jorge ainda corria de um lado para outro, com não mais do que alguns metros de linha entre ele e a pipa que insistia em descrever um semicírculo e perder altura, mergulhando de cabeça assim que ele parava de correr.

E Adão sabia que o problema não estava nas pipas. Ele mesmo já havia ajudado o Juca a montar algumas delas com a participação de outros meninos e podia garantir que muitas dessas pipas eram até melhores do que aquela gaivota azul a pino no céu, tracionada com delicadeza pelas mãos hábeis do Juca.

Ele mesmo não encontrava prazer nesse convívio isolado entre piloto e pipa. Preferia estar junto com o grupo, montando as pipas e degustando o prazer desse trabalho em cooperação.

Na hora em que cada um saia para seu lado, sozinho com sua pipa, a graça, para ele, acabava.

E, agora, ele se divertia correndo entre os amigos, dando palpites, e incentivando-os a alcançar o Juca.

Ele percebia, então, que desde criança preferira as atividades gregárias, desenvolvidas em associação com os amigos, e das quais todos participavam.

Mocinhos e bandidos, lutas corporais, esportes coletivos, cabo de guerra.

Percebia, também, que o Juca, além de ser um campeão de empinar pipas, só se saía bem e, assim mesmo, sem grande brilho, nos esportes individuais.

Nesse momento, ele estabelecia um paralelo entre o Juca, o Jorge e muitos de seus alunos.

Há muito tempo, Adão concentrava-se na observação das diferenças de Ego entre seus alunos. Não somente através da ótica óbvia que permitia ver que suas atitudes e seus comportamentos diferenciavam-se entre si, mas através da anotação que essas diferenças

Quando acordou, estava em seu quarto e não tinha a mais vaga lembrança de todo esse episódio ou dos dias que o precederam.

Viu que estava atrasado e precisava apressar-se para não perder o horário da aula de abertura do semestre.

Ele adorava ensinar. Viver cercado por seus alunos e ajudá-los a crescer.

– Professor! O Júlio mexeu de novo em meu material...

Aristides tinha razão. Ele era o mais organizado e metódico garoto entre todos que Adão conhecera.

Já Júlio era seu oposto.

– Mentira! Ele é que está espalhando o material em minha carteira!

Adão já havia observado isso. A primeira coisa que Aristides fazia ao sentar-se em sua carteira, ao lado de Júlio, era abrir sua bolsa e organizar cuidadosamente seu material sobre a prancheta. Os livros na sequência das aulas do dia, na parte mais alta da mesa. Logo abaixo, seu caderno de notas e, à direita, como talheres em uma mesa bem posta, canetas, lápis, borracha, régua e outros acessórios. Sua metade da carteira era, realmente, insuficiente.

– Por que ele não deixa toda essa tranqueira dentro da bolsa e no chão, como todo mundo? – perguntava Júlio.

– Se você gosta de bagunça, eu não gosto – saltava a resposta de Aristides.

Essa pendência parecia não terminar nunca. À primeira distração de Aristides, Júlio empurrava todo seu material para a esquerda, livrando seu próprio espaço.

Adão poderia resolver o problema separando os dois. Mas, ele estava mais interessado em promover o convívio desses extremos. Acreditava que Júlio podia assimilar um pouco da organização de Aristides, enquanto este capturava alguma criatividade de seu colega. Lamentava não ter tido a oportunidade de acompanhá-los desde a primeira escola quando ainda eram diamantes brutos que podiam ser melhor lapidados.

Lembrava de sua própria infância e de sua turma.

* * *

espalhavam-se para o interesse e para o rendimento escolar em diferentes matérias e, também, para a forma como cada um deles capturava as informações passadas na sala de aula e aprendia.

Aristides, por exemplo, parecia claramente confuso enquanto ele circulava pela sala, gesticulando e recitando a matéria, embora não desgrudasse os olhos dele.

Sempre que inquirido a respeito da exposição, mostrava que não via as coisas com clareza.

No entanto, seu olhar se iluminava quando um gráfico ou uma tabela eram exibidos. Anotava tudo freneticamente e conseguia reproduzir com facilidade o que aprendera.

Júlio, por outro lado, cerrava os olhos enquanto ele falava, a ponto de parecer dormir, mas, chamado a participar, conseguia recitar as informações recebidas quase no mesmo ritmo e entonação de voz utilizados pelo professor. Ao contrário de Aristides, impacientava-se com os detalhes exibidos nas tabelas e reclamava a falta de uma síntese da matéria:

– Preciso copiar isso tudo?

– Professor... por que o Júlio é tão preguiçoso?

– Professor... por que o Tide é tão Caxias?

Embora Aristides e Júlio fossem casos extremados, Adão já havia identificado, na classe, diversos alunos com posturas semelhantes às exibidas pelos dois.

E, também, a "sua" turma. Aqueles que Adão percebia como os mais parecidos com ele mesmo: emotivos, sentimentais e cooperativos.

Esses eram os que mais gostavam quando ele se aproximava, gesticulava e recitava a matéria, como em um cântico.

E havia, também, os que lembravam seu pai...

Nesse dia, antes de dormir, Adão se esforçava para lembrar-se dos comportamentos de seus amigos de infância, Clóvis, Jorge, Juca... e compará-los com aqueles de seus alunos Aristides, Atílio, Douglas, Felipe, Júlio...

Na escuridão da noite, Adão acordou com a respiração ofegante, sentindo a presença de um estranho em sua casa.

Apertando os olhos, conseguiu vislumbrar a silhueta do urso. Agora tão perto que ele podia sentir seu cheiro forte.

Seu primeiro impulso foi recuar mas, nesse momento, todos ao seu redor já haviam acordado também, sentindo e ouvindo a ameaça.

E todos atacaram o intruso a um só tempo e com grande alarido.

Com um urro assustador, o urso revidou acertando uma patada em Clóvis, que foi atirado longe.

Adão cravou os dentes na perna do urso e sentiu o gosto de seu sangue, ao mesmo tempo em que as unhas da fera dilaceravam suas costas.

Agora, com a dor, ele acordou de verdade, assustado e suando.

Que sonho estranho! E que sensação tão vívida de ser o líder de uma alcateia de lobos defendendo seu covil contra a invasão de um urso cinzento.

Ele voltaria a sonhar outras vezes com sua alcateia.

PROTAGONISTAS

Adão
Amon
Aristides
Atílio
Beth
Bruno
Cândida
Cap. Nunes
Cláudio
Clóvis
Cristina
Dóris
Douglas
Hamed
Jan
Jararaca
Juca
Júlio
Jurandir
Lampião
Letícia
Noé
O Pai
Padre Furquim
Pedro
Prof. Módena
Porfírio
Robson
Samira
Simão
Tadei

LOCAÇÕES

África
Amazônia
Austrália
Bangkok
Califórnia
Caracas
Cidade do México
Colorado
Dubai
Egito
Espanha
Florença
França
Grécia
Hong Kong
Jerusalém
Japão
Las Vegas
Londres
Madri
Nova Delhi
Nova York
Nova Zelândia
Pádua
Peru
Pisa
Pompéia
Portugal
Vale d'Aosta
Varsóvia
Waterloo

CAPÍTULOS

A Escola

Adão conseguia adaptar-se às preferências de todos os seus alunos variando seus recursos de comunicação e sua maneira de ensinar. Mas, admitia irritar-se com os "cientistas". Aquele grupinho que sempre exigia provas e demonstrações, como se todas as matérias pudessem ter o caráter quantitativo da matemática

Eles realmente lembravam seu pai. A análise, a quantificação e a crítica eram seu forte. E ele não exercitava esses pendores de uma forma limitada como aqueles garotos – o que era muito compreensível para um engenheiro passado dos sessenta. Ele sempre concluía seus raciocínios com uma avaliação bem medida das situações e com a emissão de um veredito de grande densidade.

Adão nunca vira seu pai empinando uma pipa, mas alguma coisa lhe dizia que o pai poderia vencer o Juca.

Adão vacilava entre acreditar que herdara o temperamento da mãe, como diziam as tias, ou se havia se orientado para o magistério como uma forma de oposição à figura do pai que apenas fingia aceitar um filho professor.

* * *

Duas enfermeiras com seus uniformes imaculadamente brancos quase trombaram na porta de seu quarto, alternando-se nos cuidados que ele reclamava.

Seu peito doía muito, enquanto ele se lembrava da catástrofe da véspera.

Toda a agitação provocada por aquela explosão súbita e os muitos dias de escuridão total – dias que só podiam ser calculados pelo aumento da fome e da sede e pela progressiva exaustão física – voltavam claramente à sua mente.

– Então eu não morri? Que bom! – pensou Adão.

– Sueli! Onde está você? – gritou, logo voltando a seus pensamentos:

– Como era linda a Sueli. Alta... forte...

– Mas, por que penso nela como se estivesse morta? Parece que todos morreram naquele dia. Parece até que o mundo acabou!?

– Mas, ela pode ter sobrevivido, como eu sobrevivi... isso foi há tanto tempo! Meu Deus! Suelii...!

* * *

De volta à escola, novamente nenhuma lembrança de sua amada ou do cataclismo ou do problema na coluna que o levara ao hospital.

Adão queria entender as diferenças de aptidões e interesses entre seus alunos. Procurando informações na medicina, na antropologia e na psicologia, ele havia encontrado pistas muito promissoras. Para explorar essas pistas, decidiu conversar com seu colega Módena, professor de ciências da escola, que gozava de uma merecida fama de "sabe tudo".

O professor Módena explicou:

– A ciência reconhece que o sistema nervoso do homem tem características e atribuições específicas, adquiridas ao longo de milênios de evolução.

E emendou um discurso:

– O homem tem três cérebros: o impulsivo dos répteis, o emocional dos mamíferos e o intelectual, exclusivo dele.

Na verdade, é um cérebro de muitas camadas, que podem ser sintetizadas em três.

A primeira é a mais antiga herança de nossos primeiros ancestrais: o cérebro do réptil ou o cérebro do lagarto, responsável pelos movimentos reflexos de ação, reação e fuga, convívio e agrupamento.

Os mamíferos desenvolveram o córtex cerebral, abrigando as capacidades de organização, disciplina, comunicação e relacionamento. E o ser humano desenvolveu o neocórtex responsável pelas superiores capacidades de raciocinar, sonhar e criar...

* * *

A recitação matemática do professor Módena remetia Adão a um mundo de fantasia e romance.

Ele imaginou os mais recentes ancestrais do homem, ainda mais macacos do que humanos, aventurando-se para fora das florestas densas e tentando uma vida nova nas planícies e montanhas.

Que presa fácil para os felinos! Seus membros superiores, mais avantajados que as pernas, perdiam grande parte de sua utilidade em um ambiente sem árvores ou cipós e pouco os auxiliavam em suas caminhadas ou fugas porque já há muitas gerações não funcionavam mais como "patas dianteiras". Os felinos moviam-se a pelo menos o dobro de sua velocidade, podendo caçá-los com muito maior facilidade do que caçavam as gazelas e outros quadrúpedes.

– Se não ficassem mais inteligentes bem depressa, iam terminar todos como comida de onça – pensava Adão, rindo consigo mesmo, enquanto o professor Módena concluía:

– O homem optou pelo córtex.

– Optou? – comentou Adão. – Que escolha tinha?

– Optou, é mesmo uma força de expressão. O processo evolutivo tratava de municiar todas as espécies com as aptidões e recursos físicos essenciais à sua sobrevivência, em cada diferente habitat. Os ancestrais do homem, vivendo em florestas densas, haviam desenvolvido braços longos e pernas que eram mais braços do que pernas.

– Você pode observar isso nos macacos – enfatizou Módena. Veja como seus pés funcionam mais como mãos do que como pés. E como suas pernas são muito mais eficientes para locomoção nas árvores do que no solo. Quando os ancestrais do homem mudaram seu habitat das florestas para as savanas e campos, seus membros inferiores começaram, geração após geração, a crescer e a ficar mais eretos e mais fortes. Seus pés foram ficando cada vez mais planos, passando a se adaptar mais ao solo do que aos galhos das árvores.

Uma imagem passou rápida pela mente de Adão e saiu pela sua boca:

- É, no começo era difícil andar no chão...

- Como? - perguntou Módena.

- Nada, apenas um pensamento que me ocorreu...

- Bom. Deixe-me terminar de explicar. Os ancestrais do homem não eram carnívoros. Eles se alimentavam de frutas e outros vegetais, retirando dos insetos a proteína que seus corpos reclamavam.

- Nós comíamos insetos?

- Era o que dava para mastigar com nossos dentes pequenos e maxilares mais fracos do que os dos répteis e outros carnívoros!

Se o homem concorresse diretamente e a longo prazo com os carnívoros, certamente acabaria desenvolvendo garras mais poderosas e dentes maiores, mais cortantes e mais pontiagudos.

Mas, isso levaria centenas de milhares de anos porque o processo evolutivo é muito lento.

Talvez não tivéssemos conseguido sobreviver esperando que a natureza nos dotasse dos recursos que precisávamos para sobrepujar nossos competidores. A inteligência nos ofereceu uma alternativa permitindo-nos desenvolver armas e ferramentas, já na idade da pedra, e a descobrir o domínio do fogo que nos deu o primeiro salto tecnológico!

– É mesmo! O domínio do fogo foi lindo – deixou escapar Adão.

– Como é?

Adão fugiu da embaraçosa pergunta, voltando ao diálogo original: – É mesmo, foi isso que pensei quando você disse que o homem optou pelo córtex! Que escolha ele tinha? Se não ficasse esperto logo, ia virar comida de tigre.

– Escolha tinha. Existem muitos animais mais frágeis do que o homem que não desenvolveram armas ou ferramentas e que não entraram em processo de extinção. Alguns optaram pela multiplicação acelerada...

– Os insetos?

– Os insetos, sim, é claro. Mas, o homem também tentou.

– Com uma cria a cada nove meses? Não dá.

– Por isso, o macho tentava fertilizar o maior número possível de fêmeas. Um macho é suficiente para uma fêmea cumprir a parte dela no processo de preservação da espécie mas, quanto mais forte e bonito o macho, melhor. Por isso, as mulheres desenvolveram uma preocupação seletiva maior do que os machos, orientando-se para a monogamia e procurando selecionar os parceiros mais fortes e mais bonitos.

Já os homens penderam para a poligamia, tratando de multiplicar a distribuição de suas sementes sobre qualquer terreno fértil...

– Essa história é mesmo antropologia? – interrompeu Adão. Quando eu era pequeno tinha um tio que dizia isso e eu achava que era malandragem para poder enganar a mulher!

– Os motivos dele eu não sei, mas que é verdade, é – finalizou Módena.

Adão decidiu ir a fundo nessa questão. Queria entender como e porque os homens desenvolveram tantas diferentes aptidões e, mais do que isso, como cada um poderia tirar o máximo proveito de todas as suas aptidões e urgenciar seu desenvolvimento emocional, intelectual e espiritual.

Ele havia lido, várias vezes e em várias fontes, que, em condições normais de vida e trabalho, o homem não utiliza mais do que 20% do potencial de inteligência colocado a seu dispor. E que tinha capacidades para realizar prodígios se aprendesse a acionar e controlar os poderes de sua mente.

Acreditava nisso, mas se recusava a acreditar nas abordagens simplistas de controle mental ou pensamento positivo. Reconhecia a necessidade do pensamento positivo, mas se dava conta de sua insuficiência.

Desenvolveu uma tese partindo das informações do professor Módena sobre o processo evolutivo e decidiu pesquisar, dentro de seu universo, na sala de aula e fora dela, os diferentes indicadores de aptidões.

Decidiu ampliar seu universo, viajando e procurando pistas nos berços da civilização. Decidiu economizar para passar na Europa suas próximas férias.

A queda de Varsóvia

A cavalgada dos lanceiros levantava uma nuvem de poeira avermelhada que se mesclava no céu com a fumaça branca produzida pelos disparos dos canhões dos tanques alemães. Jan via os clarões desses disparos através de uma bruma. E ouvia alta a voz de seu instrutor:

– Levante o corpo, junte os joelhos, não puxe as rédeas!

Ele tinha apenas sete anos e já se preparava para as provas infantis de equitação.

Aos dezoito, sentou praça na cavalaria.

Terminado o serviço militar, voltou aos estudos para concluir seu curso de pedagogia, dedicando-se ao magistério.

Muito branco, com uma pele quase transparente, cabelos louros encaracolados e maçãs do rosto sempre vermelhas, Jan parecia um anjo.

Sua vizinha nos tempos de infância dizia que ele era um espírito em purificação passado por muitas reencarnações e a caminho da perfeição.

Não por causa de sua cara de anjo, mas por causa daqueles sonhos.

Jan frequentemente sonhava com outras vidas, vividas em outras épocas, sob o manto de outras pessoas e, até, de animais. A vizinha, espiritualista praticante, explicava que esses sonhos com animais eram fantasias inspiradas no temperamento de pessoas cujos corpos Jan havia habitado. E encolerizou-se quando alguém sugeriu que Jan poderia ter encarnado em um animal, em vidas passadas:

– Os animais não têm alma! – sentenciou com convicção.

A própria família de Jan não dava ouvidos a essas histórias. Sonhos são sonhos, entendiam seus parentes e particularmente seu pai, militar de carreira, materialista e muito cético a respeito de quaisquer ideias espiritualistas.

Jan casou-se aos vinte e quatro anos e teve dois filhos, a primogênita, uma linda menina e, o segundo, um garotão, forte como um touro.

Totalmente dedicado à família e a seus alunos, Jan viveu uma vida pacata e feliz até os trinta e dois anos.

Um clima de guerra rondava a Polônia com a ascensão do Terceiro Reich na vizinha Alemanha.

O país mobilizava tropas e Jan reapresentou-se como voluntário para voltar a servir no regimento de lanceiros.

Agora, eles galopavam contra a coluna de tanques alemães que se aproximava de Varsóvia.

Qualquer um podia ver a insensatez daquele gesto: uma carga de lanceiros contra tanques de guerra!

Mas, nesse momento, era o que a Polônia tinha para defender-se, e cada um daqueles soldados estava orgulhoso e excitado pelo ato de bravura que passaria à história.

No meio ao estrondoso ruído do galope das tropas entremeado pelas explosões dos obuses alemães, cavalos e cavaleiros tombavam como em uma macabra sequência de pedras de dominó.

Jan sentiu uma explosão dentro de seu peito.

Eram onze e trinta da manhã do dia 9 de setembro de 1939.

O mesmo dia e a mesma hora do nascimento de Adão quase no outro lado do mundo.

– Professor! Por que Hitler invadiu a Polônia?

Adão demorou a iniciar sua resposta. E, quando o fez, sem saber porque, sua voz estava embargada e seus olhos marejados de lágrimas.

Enquanto respondia a pergunta feita pelo Douglas, pouco pensava em Hitler ou na Polônia. Focava sua atenção no próprio aluno.

Douglas era o mais curioso, ou seria o Júlio?

Comparando seus comportamentos, Adão viu que eles eram curiosos de maneira diferente. Douglas estava interessado em fatos, perguntava para saber. Júlio estava interessado em opiniões, perguntava para comparar e provocar. Suas perguntas eram quase sempre acompanhadas de uma resposta: – Professor, o Sr. não acha que...?

Parecia que, mesmo quando não propunha um dilema, ele já tinha uma resposta na cabeça. E metade das perguntas que fazia não eram perguntas sérias. Júlio, na verdade, era visto como o gozador da classe. Às vezes filósofo, outras vezes palhaço.

Douglas era visto como o matemático da turma. Sempre procurando informações exatas que pudesse entender concretamente. Era sério e respeitado pelos outros. Mas, ninguém se aproximava muito dele.

Nem ele queria. Nem participava das brincadeiras de mão.

Para isso, havia o Atílio.

Cumprimentava seus colegas dando a mão. E abraçava. E parecia que queria namorar todas as meninas. E ajudava todo mundo. E conversava com todos.

– Atílio! Vamos parar com o papo?

Adão tinha de interferir, às vezes, para que ele não abusasse.

Compreendia o Atílio e gostava dele. Afinal, ele era o mais parecido consigo mesmo. No seu tempo de moleque, Adão tinha levado muitos puxões de orelha de seus professores porque conversava demais na sala de aula. Ele tinha consciência, agora, que desde sua infância sempre estivera mais interessado nas pessoas do que nas coisas.

E, certamente, muito mais do que nos números. As aulas de matemática eram as piores para ele e as aulas de história uma verdadeira e completa alegria.

Aos onze anos, já decidira ser professor de história e, depois de formado, aprendera a usar sua cátedra para ajudar seus alunos a entender o mundo, a sociedade, as pessoas e os relacionamentos.

Para ele, ensinar história era muito mais do que apenas relatar acontecimentos. Seu foco era sempre a participação das pessoas nos acontecimentos.

Ele não se preocupava com a simples história de César, ou Cleópatra, mas com o aprendizado de vida que se podia tirar desses relatos.

Ele queria ajudar seus alunos a crescer e a serem pessoas melhores e mais completas.

No entanto, ele mesmo se sentia incompleto. Tinha dificuldade para entender os interesses do Douglas e do Aristides também.

Às vezes, se surpreendia observando, mais atentamente do que o normal, os comportamentos do Aristides. E percebeu que ele, de alguma forma, invejava a organização, o método e a disciplina desse aluno.

Acreditava que podia fazer mais pelos seus discípulos se fosse, ele próprio, mais organizado e disciplinado.

Douglas, Atílio, Aristides e Júlio pareciam a ele como sendo os extremos do grupo, um em cada canto da sala.

O Douglas era concreto, frio, lógico, técnico, introvertido. Não ligava muito para as pessoas ou para seus sentimentos.

Atílio era seu oposto, romântico, emotivo, afetuoso, extrovertido.

No canto, ao lado do Atílio e abaixo do Douglas, estava o Aristides – precavido, organizado, conservador, esmerado, detalhista. E, no canto oposto ao Aristides, o Júlio – abstrato, artístico, fantasioso e holístico.

Enquanto o Júlio permanecia sempre atento ao todo, Aristides sempre procurava ver os detalhes.

Trabalhando juntos, eles podiam ver mais e melhor do que a maiorias das pessoas, pensava Adão.

No entanto, eles não trabalhavam juntos. Estavam sempre juntos, mas sempre discutindo e brigando.

Adão estava decidido mesmo a mantê-los juntos até que eles parassem de dividir e começassem a somar.

* * *

Nessa noite, Adão teve o primeiro sonho com suas férias que se aproximavam.

A viagem, já marcada, em substituição ao projeto Europa, incluía uma travessia *coast-to-coast*, de Nova York a Los Angeles, com uma parada em Las Vegas.

Adão já havia visitado Nova York a trabalho em um Congresso, sem tempo para quase nada a não ser uma visita ao último andar do Empire State e ao terraço do World Trade Center, além de uma escalada até a coroa da Estátua da Liberdade.

Esses tinham sido passeios só na vertical e, agora, Adão queria circular pelas ruas de Nova York e pelos seus subterrâneos. Conhecer tudo o que estava no chão e abaixo dele. Foi para esse nível que seu sonho o levou. Para um metrô sem trens e sem trilhos; apenas uma enorme caverna subterrânea, com muitas ramificações, totalmente mergulhada na escuridão.

Mas, Adão podia ver dentro dessa caverna como se usasse óculos infravermelhos. Via os ratos correndo pelos pisos, lagartos e lagartixas nas paredes; e morcegos, muitos morcegos.

Ele e sua turma vagavam lentamente pelas passagens em direção à saída. Estavam todos ali. O Clóvis, já refeito da monumental patada que levara do urso. A Dóris, grávida de novo, o Pedro, com a pelagem muito desgastada pela idade, e sua inseparável Cândida.

Quando chegaram à entrada da caverna que ficava na ponta e no alto de um morrete, puderam ver, na direção do nascer do sol que já despontava no horizonte, os dois braços de rio circundando a ilha comprida toda coberta de densa mata e desembocando no oceano. Eles se entreolharam com alegria, sentindo-se mais vivos do que nunca. Eram membros de uma alcateia feliz.

E Adão acordou tranquilo, sem sustos, certo de que a ilha com que havia sonhado era Manhattan e achando engraçado que, em seus sonhos, os lobos de sua alcateia sempre tivessem nomes de gente.

I love Sue

Visitar o Museu de História Natural em Nova York era a concretização de um antigo projeto. A oportunidade de acompanhar em imagens "vivas" e em tamanho natural o desenvolvimento da vida no planeta vinha excitando a imaginação de Adão desde o momento em que decidiu estudar a fundo as diferenças de aptidões entre seus alunos.

Mas, não era esse o único motivo de sua excitação.

Havia os sonhos com a alcateia de lobos e uma profusão de imagens soltas em sua mente que iam e vinham sem que ele pudesse fixá-las.

Havia, sobretudo, uma compulsão, como se alguém o empurrasse para aquele lugar.

Logo no grande hall de entrada, Adão sentia que suas expectativas não eram vãs. A enorme mãe-dinossauro protegendo o filhote contra a presença ameaçadora do carnívoro tiranossauro rex era uma imagem mais do que emocionante.

Um pouco falsa, talvez, mas emocionante de qualquer forma.

Adão já tinha compilado informação suficiente sobre os ancestrais do homem para saber que dificilmente um filhote dinossauro daquele tamanho ainda estaria sob os cuidados da mãe.

Mesmo que a conhecesse.

E havia algo estranho naquela enorme cauda e em sua posição, embora isso Adão não soubesse entender ou explicar o quê ou por quê.

Todos os ambientes do museu tinham pelo menos um flagrante familiar. Adão sabia, conscientemente, que isso se devia ao fato de ter lido tanto sobre muitas e cada uma das imagens que se apresentavam de animais pré-históricos, povos pré-históricos e paisagens pré-históricas.

Ainda assim, em muitos momentos, surpreendia-se sugerindo a si mesmo que ele sabia mais do que havia lido a respeito. Sentiu-se um pouco solitário entre todas aquelas figuras e imagens, como se fosse o único visitante em cada um dos salões cheios de turistas do mundo inteiro. Percebeu que suas sensações eram muito mais de saudades do que de solidão.

– Por que você não está comigo, Sueli?

Sentiu-se ruborizar. Trocando o nome de sua noiva em pensamentos? O que diria Samira se pudesse capturar esse devaneio?

Ia ficar uma fera, sem dúvida.

E nunca iria acreditar que Adão jamais conhecera nenhuma Sueli.

Pelo menos, não que se lembrasse.

Adam Wolff

À noite, chovia escandalosamente com os relâmpagos e trovões se atropelando sem descanso.

Adão estava ensopado até os ossos e caminhava sem rumo pelas ruas escuras de Londres, tratando de chegar ao seu albergue antes que fosse assaltado por qualquer daqueles bandos de famintos abrigados sob as mais estreitas coberturas nos becos fedorentos da capital inglesa.

Ele não tinha nada que pudesse ser roubado, exceto talvez a roupa do corpo, velha e já bastante rasgada.

Mas, os outros não sabiam disso e eventualmente poderiam atacá-lo, só para manter a forma.

Pensava nas agruras do dia.

Mais uma vez, não conseguira nenhum sinal de emprego, nenhuma promessa, nenhuma esperança.

O dia era 17 de abril de 1724.

E ele sentiu os olhos das hienas espreitando-o na escuridão.

De repente, viu-as com clareza. Eram muitas e pareciam dispostas a barrar sua passagem.

Seus sentimentos se embaralharam: medo, ódio, pânico, cólera... sua corrente sanguínea foi inundada por um turbilhão de adrenalina e a cólera venceu.

– Malditas!

Avançou contra o bando de hienas que dispersou-se de imediato, enquanto Adão alcançava uma delas com garras e dentes mortíferos. Mas, todas as hienas arremeteram contra ele, primeiro, uma a uma, em rápidas estocadas e, logo, todo o bando em um ataque maciço.

Não havia uma só parte de seu corpo que não sentisse as dentadas e as garras das hienas.

Adão rodopiava tentando defender-se e atacar todas ao mesmo tempo, enquanto via muito sangue escorrer pelas pedras da rua batida pela chuva incessante.

Sentiu que perdia as forças e, num instante, estava estatelado de bruços, no meio da rua, dentro de uma poça de sangue que se dissolvia seguidamente.

No momento seguinte, ele estava vendo a cena como se a observasse de alguns metros de altura, pairando no ar.

Ele se viu inerte com seu casaco em farrapos, seu gorro de lã caído ao lado da cabeça e os dois pés descalços, privados do par de botinas que eram sua peça de vestuário menos velha.

Morto por um par de botinas velhas... chegou a sentir a tristeza, enquanto via uma névoa com os contornos de seu corpo levantar-se no espaço, antes de acordar tiritando de frio.

Não havia nem sinal de chuva, mas a janela de seu quarto no hotel em Manhattan estava aberta e entrava um vento frio e úmido.

– Que pesadelo terrível e confuso pensou Adão, feliz por estar seco, vivo e sem nenhum ferimento. Primeiro, era um homem. Logo em seguida, um lobo feroz em luta com as hienas. E, logo, vencido e morto, um homem novamente.

Jurou para si mesmo nunca mais comer uma torta de morangos daquele tamanho às onze e meia da noite, logo antes de deitar-se para dormir.

Não imaginava, naquela oportunidade, que a torta de morangos não tinha nada a ver com seus pesadelos.

Grand Central Station

Adão nunca tinha estado em um lugar tão ruidoso.

Trens chegando e saindo de todos e para todos os lados, trocando verdadeiras hordas de passageiros.

Multidões subindo e descendo as escadas como se fugissem de uma catástrofe iminente.

Algum sossego apenas pelos cantos, onde velhos e mendigos pareciam claramente sem destino, postando-se ali só para descansar ou arrecadar alguns trocados.

Ao redor de um grupo misto de músicos e acrobatas, uma pequena plateia de passageiros, adiantados para seu horário de embarque, gastava o tempo rindo, aplaudindo e entregando moedas, de mau grado.

Percebeu as mulheres abordando os homens mais maduros. Prostitutas circulando naquele lugar?

Não parecia para Adão que fosse o melhor mercado, nem a melhor hora. Ainda assim, elas estavam por ali, e claramente fazendo negócio.

Algumas, depois de breve assédio, indicavam o caminho e subiam as escadarias acompanhando passageiros recém-desembarcados.

Um pequeno grupo delas assobiava e fazia gestos, do pé de uma escadaria. Passando pelo local, Adão viu que no andar de cima estava o lobby de um antigo hotel e que as mercadoras tentavam chamar a atenção dos hóspedes e, quem sabe? um convite para subir.

Estranha pescaria, de baixo para cima – pensou Adão.

Mas, em pouco tempo de circulação, nada mais parece estranho na Grand Central Station em Nova York, a mais impressionante meca de transeuntes em todo o mundo.

Três mulatinhos, dificilmente passados dos 13 anos, aproximaram-se de Adão, um de cada lado, cantarolando e exibindo curiosos passos de dança.

Show gratuito? Ou por apenas alguns trocados?

O preço pareceu muito alto para Adão, quando, distraído pelo moleque que estava na sua frente, sentiu a mão do que estava à sua esquerda entrar fundo e sem cerimônia no bolso de sua calça.

Em uma fração de segundo, Adão estava de frente para o garoto e seu pé direito explodia com toda força nas virilhas do assaltante, arrancando para o alto a mão invasora que foi incapaz de reter o punhado de notas que se espalhou pelo chão.

No mesmo instante em que Adão agachou-se para recuperá-las, o trio evadiu-se em desabalada correria, provavelmente menos assustado pelo pontapé do que pelo tonitruante palavrão, em idioma estranho, que se fez ouvir mais alto do que todos os trens e todas as vozes na Grand Central:

– Filho da puta!!!

O primeiro impulso de Adão no sentido de perseguir o grupo foi interrompido pela dificuldade de recolher os dólares com uma vídeo câmera na mão direita e uma máquina fotográfica pendurada no pescoço.

Que turista otário!

E, no entanto, Adão não se sentia tão otário assim.

Não se imaginava capaz de uma reação tão feroz, rápida e fulminante.

Reagir ou fugir?

Embora nunca tivesse sido atacado por nada e por ninguém, até aquele dia, o dilema não pareceu novo para Adão.

Ele lembrou-se de seus sonhos com a alcateia e com a desabalada correria de dinossauros ao seu redor.

Balançou a cabeça assustado.

– De onde vieram esses dinossauros? Eu nunca sonhei com dinossauros!

Pelo que se lembrasse, Adão só havia visto dinossauros no cinema e esses que acabavam de passar por sua mente não pareciam aqueles bonecos de espuma e papel machê. Esses eram reais!

– Mas, que bobagem – racionalizou Adão. Eram os dinossauros de ontem no Museu de História Natural. Não pareciam, mas só podiam ser. Minha imaginação mudou a aparência dos bichos.

À noite, no hotel, Adão encontrou uma explicação lógica para a cena dos dinossauros em desabalada fuga.

Ao pensar em reação e fuga, ele havia subconscientemente se lembrado que as aptidões cerebrais dos répteis ancestrais estavam limitadas à promoção de sua sobrevivência através de mecanismos de enfrentamento e luta, tanto quanto dos mecanismos de evasão. Por isso havia imaginado os dinossauros em fuga.

Antes de pegar no sono, ele continuou pensando nos dinossauros.

A natureza, ao longo do processo evolutivo lento e milenar, os havia dotado de garras, maxilares poderosos e musculatura avantajada nas pernas.

Adão os comparou mentalmente com os seres aquáticos dos quais eles descendiam. Imaginou que eles se pareciam um pouco com os elefantes marinhos e seus parentes. Esses tinham dois pares de nadadeiras e nenhuma garra. Eram parecidos com as focas.

Adão já havia reparado que as nadadeiras posteriores das focas (ou suas caudas?) pareciam, claramente, pernas atrofiadas. Só não sabia se eram pernas transformando-se em nadadeiras ou se eram nadadeiras transformando-se em pernas.

O processo evolutivo parecia muito claro e lógico para Adão, mas ele não tinha informação suficiente para saber se as focas eram animais marinhos evoluindo para terrestres ou animais terrestres evoluindo para marinhos.

Por tudo o que sabia, os animais evoluíam da água para a terra e não vice-versa. Mas, ele sabia muito pouco.

No dia seguinte, ele iria atravessar o país quase de costa a costa e aprender mais.

O primeiro pensamento de Adão, ao acordar, foi sobre o surgimento da vida na Terra.

* * *

Do pó vieste

Como foi que o inerte ganhou vida? Como foi que o barro se converteu em homem?

Desde muito menino, Adão nutria uma clara consciência de que o homem não havia saído do barro diretamente para o animal inteligente que é hoje, como lhe ensinaram no catecismo e omitiram na escola.

Quando ouviu falar, pela primeira vez, em Darwin e na teoria da evolução das espécies, surpreendeu-se com a percepção de que um raciocínio tão óbvio tivesse levado tanto tempo para ser desenvolvido, abertamente enunciado e, principalmente, colocado em dúvida, tanto pela Igreja quanto pela ciência da época.

Para ele, o homem não se parecia só com o macaco.

Parecia-se, em tudo, com todos os répteis e mamíferos e, em quase tudo, com todos os outros animais que conhecia. Tinha uma cabeça, tronco e membros. Um cérebro, dois olhos, duas narinas e uma boca.

Parecia-se até com os insetos. E, principalmente, fazia tudo o que os outros animais faziam, da mesma maneira como todos os animais faziam: movia-se em direção ao alimento, comia, dormia, procriava, agia, reagia, atacava, fugia. Até se abrigava e se escondia, construindo abrigos, em muitos casos.

Para ele, quando menino, a diferença entre o homem e os outros animais era a mesma que existia entre os diferentes modelos de automóveis e entre os diferentes modelos de todos os utensílios criados pelo homem.

Começou a duvidar do que lhe ensinavam na escola quando ouviu, do primeiro professor, a afirmação que os animais não tinham inteligência, apenas instintos.

E do que lhe ensinavam no catecismo, ao afirmar que os (outros) animais não tinham alma, o que equivalia a dizer que, mesmo tendo sido criados por Deus, no sexto dia, não poderiam estar com Ele após sua morte.

Agora, adulto, Adão sabia que a ciência reconhecia a inteligência de todos os animais, embora ainda não tivesse se preocupado em garantir, para eles, uma alma.

– Módena, qual foi o primeiro animal?

– Isso ninguém sabe com certeza. Mas, o primeiro ser vivo não foi um animal...

– Um vegetal, então?

– Menos do que isso. Uma ameba. Nem animal, nem vegetal, sem órgãos e sem alma, mas vivo.

– Como chegou até o animal? – insistiu Adão.

– Gostaria de saber. Posso começar com um já bem evoluído, como uma Estrela do Mar?

– O que tem a Estrela do Mar?

– Cinco braços e um anel central onde estão a boca e o ânus. Quase tudo o que ela precisa para viver. Não tem cabeça nem cérebro. Cem por cento de seu corpo são dedicados à ingestão e digestão de alimentos e aos processos de procriação e locomoção. Isso é bem mais do que os vegetais fazem – explicou Módena, incansável.

– É mesmo... ela se movimenta, vai para onde quer...

– Sem cérebro, ela não quer nada. Vai para onde o mar a leva. Ela não procura alimentos. Usa seus braços para segurar alimentos e manter a boca virada para o lado de baixo do corpo.

– Por que a boca precisa ficar virada para baixo? – questionou Adão.

– Acho que é uma herança das raízes. Você não reparou que todos os animais têm a boca virada para baixo?

– O homem, não!

– Claro que o homem também. Ele não põe o prato sempre abaixo da boca e come de baixo para cima? E, antes de andar ereto, não comia do chão como todos os outros quadrúpedes?

– Módena! Você é demais! Fale mais sobre isso....

– Por que você mesmo não pensa a respeito e descobre alguma coisa para a gente conversar depois?

MIRAGE

Os dinossauros do século XXI

Roncos surdos seguidos de explosões e clarões avermelhados no céu denunciavam o início de uma formidável erupção vulcânica.

Do outro lado da rua, já se viam as chamas projetando-se para fora das crateras dos vulcões.

E todos corriam animadamente para lá!

É claro que não havia nenhum vulcão verdadeiro naquele lugar.

Las Vegas é, realmente, um mundo de fantasia onde o dia e a noite se confundem e onde cada cassino utiliza o melhor de sua imaginação e investimentos fantásticos em dinheiro e tecnologia para brindar seus clientes com o máximo de emoção e alegria.

Os vulcões virtuais do hotel e cassino Mirage são apenas uma dessas fantásticas atrações.

Suas labaredas de fogo, que sobem alto no céu ou se espalham pelas águas da lagoa rasa ao lado das montanhas de fibra de vidro, são resultado da combustão controlada de jatos de gás. Sem perigo real para ninguém.

As explosões que se seguem são produtos de um sofisticado sistema sonoro com poderosos alto-falantes dissimulados.

A criatividade do homem, ali, parece não ter limites.

No entanto, não era na criatividade que Adão pensava ao contemplar o burburinho de pessoas acotoveladas diante daquele espctáculo que se repete a cada trinta minutos com a duração de não mais do que cinco, nem ao observar essas mesmas pessoas movendo-se, falando ou gritando agitadamente ao redor das mesas de jogo.

Ele via uma grande manada de animais pré-históricos vivendo apenas sua vida e seu prazer, compartilhando o mesmo espaço físico, sem exercer qualquer atividade associativa.

Las Vegas é um local onde as pessoas simplesmente convivem.

Ali estão, é claro, alguns pequenos grupos humanos formados por familiares e amigos que foram juntos conhecer ou repetir Las Vegas. Esses interagem, conversam entre si e trocam experiências emocionais a cada momento.

Todos os demais estão rigorosamente "na sua". Tão isolados como se estivessem sozinhos.

– Preciso voltar aqui com a turma toda – pensou Adão.

Ele valorizava a convivência pura e entendia como os ancestrais do homem encontraram, na simples convivência, um artifício útil de sobrevivência. Eles não precisavam ficar se matando uns aos outros em um ambiente onde havia alimentos e parceiros suficientes para todos.

Mas é claro que Adão preferia a convivência com envolvimento. O mais profundo possível. Para ele, conquanto o referencial para amor continuasse a ser o poodle, o referencial para envolvimento era, realmente, o homem, o único animal que amamenta seus filhotes até qualquer idade.

Ele se divertia pensando que havia mamado na mãe até os 18 meses, no pai até os 18 anos e que agora tinha a Samy. O pensamento maroto tinha sido inspirado pela visão das tetas de Samira, que eram, realmente, um espetáculo à parte.

Não pelo tamanho, do qual não abusavam, mas pela forma rigorosamente escultural.

Samy tinha de tetas o que a Sueli tinha de coxas!

– Catso! Sueli outra vez? Adão precisava descobrir quem era essa Sueli, alta, forte e coxuda, que ele nunca conhecera, mas que passava pela sua cabeça com insistência.

Rebuscou fundo na memória, desde os tempos de criança empinando papagaios até os primeiros anos da escola, nas festinhas e na faculdade.

Não havia nenhuma Sueli. Nem qualquer imagem de menina ou moça, alta, forte e coxuda. Menos ainda que tivesse sido um grande amor de sua vida. Ou na qual ele pensasse como se já estivesse morta! Ou que parecesse uma lembrança tão antiga.

– Quem sabe em algum bordel da juventude? Vista e ampliada através das lentes do álcool e imediatamente apagada junto com a ressaca?

Poderia ser uma possibilidade se Adão, alguma vez em sua vida, tivesse pisado em um bordel. Mas ele não tinha.

Seria o relato de algum colega?

Nada que ele conseguisse lembrar.

Só se foi minha namorada em outra vida!

Esse pensamento serviu para encerrar o assunto.

* * *

Mas, Adão estabeleceu um paralelo entre os altares em torno dos quais se reuniram as primeiras sociedades humanas e as slot-machines de Las Vegas.

Aí estão os altares de uma nova religião, pensou ele, começando a imaginar como os ancestrais do homem haviam evoluído de uma condição de enfrentamento individual – atacar ou fugir – para o convívio; a imaginar como o descomunal teriodonte, vivendo no Médio Permiano há mais de 265 milhões de anos, um dos primeiros lagartos na linha de ascendência dos mamíferos, já aprendera a conviver sem enfrentamentos com seus semelhantes.

E imaginando, também, como o próprio homem, que desbravara seu caminho em direção à sobrevivência enfrentando e aniquilando seus competidores diretos, havia evoluído de um estágio de simples convivência pacífica para a construção de uma organização social sem paralelo no mundo animal.

Mas, ele sabia que o processo de organização social do ser humano demandara muitos milênios.

Decidiu usar esse tema como um trabalho para seus alunos que contasse a história do surgimento das primeiras tribos e das associações entre as tribos até a formação das cidades.

Do ninho para a cidade

Em seu primeiro dia de volta às aulas, Adão montou o grupo de trabalho que imaginara, formado pelos alunos mais diferentes da classe: Douglas, Júlio, Felipe, Aristides e Atílio.

Entregou a eles um exemplar do livro "A cidade antiga" escrito por Fustel de Coulanges, um professor de história como ele, no século dezenove, em Strassburg, na Áustria, pedindo que escrevessem um trabalho de poucas páginas sobre a evolução do convívio social desde a pré-história até as cidades.

Das cavernas até Las Vegas, pensava ele, sem dizer nada ao grupo.

Combinando suas diferenças – e tirando proveito delas – o grupo extrapolou produzindo um texto de mais de seis páginas, começando assim:

"Pode parecer difícil para nós que nascemos em cidades com muitos milhares de habitantes, às vezes até em maternidades com dezenas de pais e crianças ao nosso redor, imaginar que nossos ancestrais mais remotos não tinham, ao nascer, mais do que seu ninho e sua mãe ao seu lado.

Difícil, mas não impossível. Basta observar os pássaros ou os leões, por exemplo.

Pode ser difícil imaginar que, durante toda sua vida nossos ancestrais viveram isolados em seus ninhos, cercados apenas por seus familiares. Difícil imaginar que não frequentassem uma sala de aula com mais de trinta colegas ou uma escola com milhares deles.

Que não tivessem um trabalho comum nem uma religião comum. Que precisassem criar e venerar seus próprios deuses particulares para explicar o que não entendiam, agradecer o que tinham e pedir o que não tinham.

Difícil imaginar, mas assim era. E mudou para o que é hoje, passo a passo, ao longo de milênios.

Pense novamente nos leões. Diferentemente dos lobos ou das hienas, eles não vivem em bandos.

Eles vivem em famílias, nos seus "ninhos".

As famílias de leões se aproximam, durante o dia, nos campos de caça. Mas, eles são caçadores solitários. Nunca caçam em bandos.

No fim do dia, voltam para seus ninhos.

Diferentes famílias de leões encontraram grutas para viver. Nessas grutas, eles não admitem outras famílias. Nem essas famílias forçam a entrada.

Assim, sozinhos e por sua conta, continuarão a viver ao longo de novos milênios.

Olhe agora para o homem da época. Ele é mais fraco e mais lento do que os leões. E mal equipado de dentes e garras. Perde a maior parte das brigas em que se mete sozinho.

Seu "instinto de sobrevivência" e preservação da espécie manda que ele se alimente, se proteja e procrie. Ele precisa de parceiras e não pode encontrá-las só no ambiente familiar.

"Casamentos" entre membros de diferentes famílias tornam-se comuns. Mas, essas uniões são pessoais. Não agregam as famílias in-totum.

Elas se aproximam e se reúnem com o objetivo de se defender melhor e atacar melhor, mas essa reunião só é possível a partir da prática de alguns ritos religiosos em comum. É a religião que cimenta a união das famílias dando origem a grupos identificados como "Cúrias".

Ao se unirem, essas famílias concebem uma divindade superior às suas divindades domésticas que, sendo comum a todas, protege todo o grupo.

Em sua homenagem, erigem um altar, acendem um fogo sagrado e instituem um culto.

O culto era da mesma natureza do culto familiar: uma refeição feita em comum (o alimento, preparado sobre o próprio altar, era sagrado).

Comia-se recitando algumas preces. A divindade estava presente e recebia sua quota de alimentos e bebidas.

Mesas de madeira, baixelas de barro, vasos de argila, pães, bolos e algumas frutas.

Cada cúria se reunia ao redor de seu altar e imolava uma vítima (geralmente um carneiro) cuja carne, assada no fogo sagrado, era repartida. Estranhos não tinham acesso. A cúria era uma pequena sociedade que seguia exatamente o modelo da família. Ela tinha um chefe (curião), suas assembleias, deliberações e decretos; um deus, um culto, um sacerdócio, uma justiça e um governo.

A associação entre famílias estendeu-se para a associação entre cúrias, formando tribos. Novamente, as cúrias autônomas se confederavam para formar uma tribo mantendo suas identidades, sem se dissolverem ou mesclarem.

Cada tribo elegia um deus comum (da mesma natureza do da cúria e da família – um homem divinizado, um herói). Ele tinha seu dia festivo anual com a celebração religiosa dentro do mesmo modelo: a refeição da qual toda a tribo participava.

As primeiras crenças religiosas tinham por objeto o próprio homem e seus ancestrais.

Elas foram responsáveis pela constituição da família e das primeiras leis.

Depois, o homem concebeu deuses para representar as forças da natureza, entronizados no Olimpo (helênico) ou Capitólio (romano) como Zeus, Hera, Atena, Juno e dezenas de outros.

Com o passar do tempo, o mesmo nome foi dado a deuses com diferentes atributos: havia dezenas de Apolos, Hércules, Júpiteres, Minervas, Dianas, Junos, cada um deles com suas lendas e poderes específicos.

Cada família criava seus próprios deuses da natureza e os guardava para si, associava-os ao seu lar e acrescentava à sua fórmula de oração algumas palavras a eles dirigidas.

As divindades de certas famílias vieram a adquirir grande prestígio, conforme a prosperidade dessas famílias, levando muitos a querer adotá-las e prestar-lhes culto público para obter os seus favores.

Enquanto os deuses familiares estabeleciam linhas de demarcação entre as famílias, a religião dos deuses da natureza oferecia um panorama mais amplo.

Essa nova religião trazia, também, uma nova moral. Ela não se limitava a ensinar aos homens os deveres de família. Abordava, também, regras de conduta e convivência coletiva.

Conforme essa nova religião foi se desenvolvendo, a sociedade se ampliou.

Assim como a família e a cúria, a tribo se estabeleceu como um corpo independente. Duas tribos, uma vez formadas, não podiam se fundir ou admitir novas cúrias.

Porém, assim como várias cúrias se uniam em uma tribo, várias tribos podiam se associar desde que o culto de cada uma fosse respeitado.

No dia em que se firmou essa aliança, a cidade passou a existir.

O vínculo dessa nova associação continuava a ser o culto.

As tribos que se agruparam para formar uma cidade jamais deixaram de acender um fogo sagrado e de adotar uma religião comum.

A história de Atenas, formada através da associação de doze cantões que adotaram um culto comum e um governo central, mostra como a sociedade se desenvolveu na medida em que a religião se ampliou.

Na família isolada, o homem conhece apenas deuses domésticos (dii gentiles). Acima da família, forma-se a cúria com seu deus (juno curialis). Em seguida, vem a tribo e o deus da tribo (juno tribalis). Enfim, chega-se à cidade e concebe-se um deus cuja providência abrange a cidade inteira (penates publici).

As associações se ampliavam conforme as crenças se ampliavam.

A cidade era a associação religiosa e política das famílias e das tribos. A urbe, o local de reunião, o domicílio e, sobretudo, o santuário dessa associação.

A fundação da urbe é um ato religioso. O primeiro cuidado do fundador é escolher o local, uma decisão que é sempre entregue aos deuses.

Para localizar Roma, Rômulo pede aos deuses que lhe revelem sua vontade através do voo dos pássaros. Os deuses indicam-lhe o Palatino. Rômulo oferece, primeiro, um sacrifício. Seus companheiros, ao redor, acendem um fogo com gravetos e cada qual atravessa de um salto a pequena fogueira (ritual de purificação).

Rômulo cava um pequeno fosso de forma circular, no qual lança um torrão de terra que trouxe da urbe de Alba. Cada um dos participantes lança seu próprio punhado de terra trazido de seu local de origem (a religião proibia que se abandonasse a terra na qual repousavam os antepassados; o artifício usado era levar essa terra para o local de mudança).

"Esta continua sendo a terra de meus pais, "terra pátria", aqui é a minha pátria, pois aqui estão os manes da minha família. As almas de meus antepassados estão aqui reunidas".

Nesse mesmo local, Rômulo erigiu um altar e acendeu o fogo que se tornou o fogo sagrado da cidade.

Com um arado puxado por um touro ou vaca branca, o fundador, de cabeça velada e vestes sacerdotais, cava uma valeta, ao longo de uma área por ele determinada, cantando preces. Seus companheiros caminham logo atrás, observando silêncio religioso.

Os torrões levantados pelo arado vão sendo lançados no interior do recinto para que nenhuma parcela dessa terra sagrada fique em área pertencente a estranhos (fora da urbe).

O recinto traçado é inviolável. Não pode ser transposto por ninguém. Para que se pudesse entrar ou sair, o sulco era interrompido em alguns lugares ("portae").

Sobre o sulco sagrado, ou pouco atrás, erguem-se depois as muralhas, igualmente sagradas (não se podia tocá-las sem permissão dos pontífices).

A urbe não podia perder a lembrança da cerimônia sagrada que assinalara seu nascimento. Por isso, festejava anualmente seu dia natal.

Se conquistadores estabeleciam-se em uma urbe já construída, tinham de realizar sua própria cerimônia de fundação – instalar seu próprio fogo sagrado e fixar na nova morada seus deuses nacionais.

Encerrada em recinto sagrado e estendendo-se em torno de um altar, a antiga urbe foi o domicílio religioso que abrigava os deuses e os homens da cidade.

O fundador era o homem que realizava o ato religioso sem o qual uma urbe não podia existir. Era ele quem assentava o lar onde o fogo sagrado arderia eternamente e quem convocava os deuses e os fixava na urbe. Ele era o pai da cidade. Depois de morto tornava-se um antepassado comum para todas as gerações seguintes. Tornava-se um deus familiar. Sua memória se perpetuava como o fogo sagrado por ele aceso. Rendiam-lhe culto, julgavam-no deus e a urbe o adorava como se fosse sua providência.

Rômulo era adorado, teve um templo e sacerdotes. Assim também dezenas de fundadores de dezenas de cidades.

Talvez não houvesse uma única urbe que não possuísse seu poema ou, pelo menos, seu hino celebrando o ato sagrado que lhe dera origem. Entre todos esses antigos poemas, existe um que não desapareceu porque, se seu tema o tornara caro a uma cidade, sua beleza o fez admirado por todos os povos, pelo tempo afora.

Enéias fundou Lavínio, de onde se originaram os albanos e os romanos, sendo, por isso, considerado o primeiro fundador de Roma.

Virgílio apropriou-se do tema e escreveu o poema nacional da cidade romana.

Na Eneida, Enéias não é o guerreiro ou o herói do romance.

Virgílio nos mostra um sacerdote, o chefe do culto, o homem sagrado, o divino fundador, cuja missão é salvar os deuses da cidade.

A cidade era a reunião dos que tinham os mesmos deuses protetores e realizavam o ato religioso no mesmo altar.

Na urbe nada existia de mais sagrado do que esse altar sobre o qual se mantinha sempre aceso o fogo sagrado. Os romanos acreditavam que o destino da cidade estava vinculado àquele altar que representava seus deuses.

Na visão das sociedades antigas, a principal função dos deuses era proteger as suas cidades.

Acreditava-se que, enquanto os deuses habitassem a cidade, ela não poderia ser conquistada. Por isso, antes de atacar uma cidade, os invasores tratavam de "aliciar" seus deuses para que passassem para seu lado.

Os habitantes da cidade defendiam-se ocultando os nomes de seus deuses, para que os inimigos não pudessem dirigir-se a eles ou fazendo-lhes contraofertas mais atraentes.

Os inimigos passaram a tentar raptar suas imagens, antes de atacar.

O contra-ataque concebeu esconder as imagens ou acorrentá-las às suas bases para impedir sua deserção.

Vê-se, assim, a ideia singular que os antigos faziam dos deuses.

Essas crenças nos parecem rudimentares, mas pertenceram ao povo mais espiritualizado daqueles tempos.

Sua influência estendeu-se à criação de suas leis e instituições chegando aos dias atuais como "modelo" das práticas religiosas em todos os credos praticados em nosso "mundo civilizado".

* * *

Adão observou que seus alunos haviam transcrito, do livro de Fustel de Colanges, trechos inteiros de narração. Ainda assim, deu nota máxima para o trabalho que serviu, tanto para o próprio Adão como para todos os alunos da classe, absorverem a ideia da importância de associação de crenças e esforços na construção da sociedade.

Fez para a turma uma apresentação de suas observações sobre a personalidade de cada aluno e as diferenças entre eles, chamando a atenção para o fato que essas diferenças poderiam e deveriam ser utilizadas muito mais para a construção de sinergia entre eles do que para servir de motivo para as constantes brigas e discussões que agitavam a classe.

Mostrou como Júlio e os mais parecidos com ele podiam desenvolver novas ideias e abordagens criativas para as situações. Mostrou como Douglas e outros mais apensos aos raciocínios lógicos e matemáticos poderiam contribuir para a crítica dessas ideias à luz dos fatos conhecidos e cruzar as fantasias com a realidade.

Mostrou como Aristides e outros mais disciplinados e metódicos poderiam contribuir para a organizaçao e execução dessas ideias.

E como os românticos e relacionais como Atílio poderiam reunir as pessoas em torno das ideias para tirar proveito da percepção que: *mais do que as ideias, planos ou meios de controle são as pessoas que fazem as coisas funcionar.*

A partir desse dia, Adão observou que estava realizando seu sonho de ajudar seus alunos a entender o mundo, a sociedade, as pessoas e os relacionamentos.

Lembrou-se que havia refreado sua ideia de mudar os alunos de lugar dentro da sala para diminuir as discussões, mantendo-os juntos até que eles começassem a somar.

Agora, eles começavam a somar.

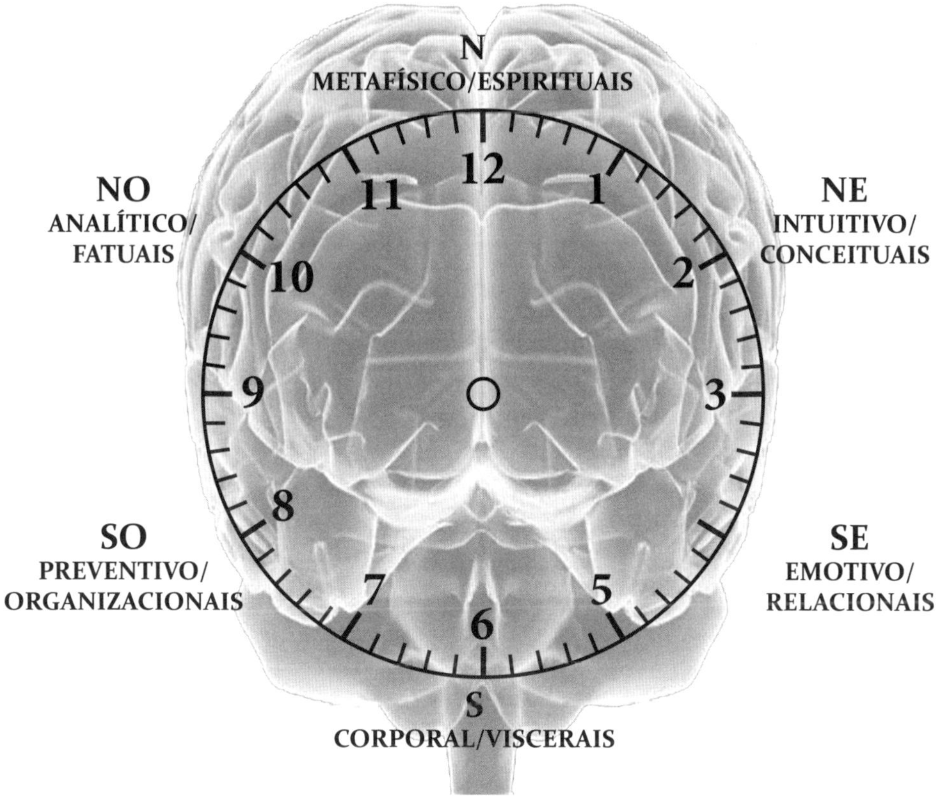

Os quatro cantos da sala

A volta ao trabalho, depois de umas férias que pareceram tão curtas, seria penosa se Adão não estivesse tão envolvido em "costurar" as elucubrações que desenvolvera em seus passeios com as observações que deixara interrompidas sobre os comportamentos singulares de cada um de seus alunos.

Identificou, em cada um deles, aptidões herdadas dos ancestrais do homem e mantidas vivas e dominantes em muitos animais de nossa era.

O organizado, como o Aristides, o fazia lembrar do leão marcando seu território, ao urinar.

O romântico, como o Atílio, lembrava seu cachorrinho abraçando as pernas das visitas com um movimento suspeito de quadris e fazendo-o corar de vergonha.

Ao pensar nos criativos, como o Júlio ou o Felipe, viu que apenas os seres humanos haviam chegado a esse estágio: a capacidade de inventar e criar coisas que não existiam na natureza.

E, ao considerar os racionais, dedicados a analisar, quantificar, criticar, avaliar e entender o mundo, o universo a nosso redor, sem grandes preocupações com as pessoas e seus relacionamentos, imaginou se a humanidade continuaria a caminhar nessa direção. O Douglas lhe parecia ser um bom começo...

Adão rabiscou uma planta da sala de aula. E colocou em cada canto os nomes dos alunos que haviam elaborado o trabalho sobre a evolução das sociedades humanas:

Douglas	Júlio
Robson	Felipe
Aristides	Atílio
	Cristina

Júlio e Felipe não eram iguais. Júlio parecia mais criativo, mais filósofo, mais povoado de ideias e inquietudes.

Felipe era mais brincalhão mesmo. Parecia que queria ser notado e divertir os outros.

Divertir os outros... Pareceu a Adão uma boa ideia colocá-lo um pouco mais para baixo, mais próximo dos românticos.

Elaborou um questionário de múltipla escolha sobre os interesses, motivações, atitudes e comportamentos dos alunos e pediu que anotassem suas respostas, obtendo o seguinte resultado para os representantes de cada canto da sala:

Douglas:

- Gosto de uma atividade quando conheço tudo a respeito.
- Não gosto de uma atividade quando ela não tem utilidade prática.

- Quando quero convencer alguém, apresento dados e fatos que comprovam minhas ideias.
- Eu entendo melhor e acredito mais quando as coisas fazem sentido lógico.
- Estou mais ligado no que posso avaliar.
- Tenho facilidade para entender como as partes se combinam no todo.
- Gosto de avaliar e entender bem as coisas, antes de emitir uma opinião.
- Eu me guio pelo ditado: "Quem sabe mais, chora menos."
- Me dou bem com números e cálculos.
- Fico inibido diante de pessoas que forçam muita intimidade comigo.
- Sou capaz de passar horas discutindo assuntos técnicos.

Aristides:

- Gosto de uma atividade quando ela apresenta regras bem definidas.
- Não gosto de uma atividade quando vejo as coisas bagunçadas.
- Quando quero convencer alguém, sempre mostro coisas que eles possam ver e ler.
- Eu entendo melhor e acredito mais quando me mostram e explicam passo a passo.
- Estou mais ligado no que vejo.
- Tenho facilidade para ver os detalhes que muita gente não vê.
- Gosto de ser pontual e esmerado em tudo o que faço.
- Eu me guio pelo ditado: "Mais vale um pássaro na mão do que dois voando".
- Sou muito bom para organizar e controlar atividades.
- Me irrito com as pessoas desorganizadas ou indisciplinadas.
- Sou capaz de passar horas arrumando um armário.

Júlio:

- Gosto de uma atividade quando ela é totalmente nova e desafiadora.
- Não gosto de uma atividade quando ela envolve atividades rotineiras.
- Quando quero convencer alguém, utilizo exemplos ilustrativos e apelos à imaginação.
- Eu entendo melhor e acredito mais quando existe arte e criatividade na apresentação.
- Estou mais ligado no que ouço.
- Tenho facilidade para inventar alternativas para formas de ver as coisas.
- Gosto de sonhar acordado e bolar coisas novas.
- Eu me guio pelo ditado: "Quem não arrisca, não petisca".
- Tenho uma boa habilidade artística em pelo menos uma área.
- Me aborreço com as pessoas muito "quadradas".
- Sou capaz de passar horas filosofando comigo mesmo sobre os mistérios da vida.

Atílio:

- Gosto de uma atividade quando as pessoas envolvidas trabalham em harmonia.
- Não gosto de uma atividade quando as pessoas envolvidas discutem ou brigam.
- Quando quero convencer alguém, trato de chegar ao coração dessa pessoa.
- Eu entendo melhor e acredito mais quando sinto empatia com o apresentador.
- Estou mais ligado no que sinto.
- Tenho facilidade para me interessar pelos sentimentos das pessoas.
- Gosto de me relacionar bem com as pessoas e de ajudá-las.
- Eu me guio pelo ditado: "Uma andorinha só não faz verão".
- Sou muito eficiente no relacionamento com as pessoas.

- Fico triste com as pessoas ingratas ou grosseiras.
- Sou capaz de abraçar afetuosamente uma pessoa que mal conheço.

Nenhum dos outros alunos apresentava características tão claras quanto às desses quatro. A maior parte parecia ser uma mistura de dois ou três deles. E, havia até a Beth que chegava bem perto dos 25% em cada grupo de aptidões.

No meio da sala, ao redor da Beth, Adão conseguia situar vários deles.

O Robson mais perto do Douglas, o Cláudio mais perto do Aristides, o Jurandir mais perto do Atílio.

Pensando nas explicações do professor Módena, ele conseguia perceber que o Douglas, o Robson, o Júlio e o Felipe, os alunos cujos nomes ele havia anotado no alto da sala, pareciam mais neocorticais, dotados de maior capacidade e interesse para raciocinar, sonhar e criar.

O Aristides, organizado e disciplinado, e o Atílio e a Cristina, comunicativos e relacionais, pareciam mais corticais e, certamente, exibiam mais comportamentos emocionais, mais próximos aos dele próprio e aos dos lobos de sua alcateia.

Adão nunca conseguia evitar comparações entre os comportamentos dos homens e os comportamentos dos animais e isso o deixava um pouco embaraçado, às vezes.

Se o Atílio soubesse que o professor Adão o achava parecido com o poodle de sua filha, não ia ficar feliz. Mas Adão não conhecia ninguém mais amoroso do que o *White Cloud* e comparar o Atílio com o cãozinho era, para ele, um pensamento carinhoso.

Resolveu compartilhar suas anotações com o professor Módena, que sugeriu: – Façamos o mostrador de um relógio para substituir sua sala de aula... Veja que o Douglas está nas onze horas e o Júlio perto da uma hora.

– O Felipe ficou na marca das três horas, o Atílio perto das cinco e o Aristides nas sete horas – observou Adão.

– Onde você me colocaria? – perguntou Módena.

– Nove horas! Entre científico e organizado.

– E você próprio?

– Quatro e meia! – ajuntou Adão, sem pestanejar.

– Entre fantasioso e relacional?

– É. Menos fantasioso do que o Felipe e menos amoroso do que o Atílio.

– Veja aqui, Adão. Se este relógio fosse a representação do cérebro humano com três camadas, nós teríamos, na camada de baixo, perto das seis horas, o cérebro dos lagartos.

Na faixa horizontal entre sete e cinco horas até as nove e três horas, estaria o cérebro dos mamíferos e, na faixa superior, das onze até uma hora, o cérebro dos seres humanos.

– Bom, mas todos meus alunos são humanos.

– Claro, mas não se esqueça que o cérebro do ser humano é o resultado de um processo evolutivo milenar acumulando todas as aptidões dos ancestrais do homem e dos ancestrais desses ancestrais, desde o momento em que as primeiras formas de vida surgiram nos oceanos evoluindo para a vida terrestre e, inclusive, voltando para os oceanos como muitos mamíferos aquáticos.

Adão ficou arrepiado. Tudo o que o professor Módena estava dizendo batia com as observações que ele havia feito e com as ideias que lhe tinham ocorrido em sua viagem e nas visitas que fizera ao Museu de História Natural e na *Grand Central Station*, em Nova York e em Las Vegas.

O “cabra” milagreiro

Os olheiros de Virgulino trouxeram a noticia que as volantes organizadas pelo capitão Abdon Nunes haviam arregimentado os melhores homens de Mossoró e partido para interceptar seu bando antes que eles chegassem à cidade cumprindo a ameaça feita pelo rei do cangaço.

– Jumento... – pensou Lampião. De onde nós estamos, podemos saquear a cidade e sair sobre seus calcanhares deixando que ele rode como um cachorro atrás do rabo, sem saber o que aconteceu.

O capitão Nunes não era um jumento. De comum acordo com o Prefeito Rodolfo Fernandes, fizera circular a notícia falsa sobre o movimento de suas volantes enquanto, na verdade, todos permaneceram atocaiados ou fazendo-se passar por velhos e mulheres ao redor da praça da matriz.

Quando todo o bando de Lampião cruzava a praça da cidade desprotegida, fazendo grande alarido, sua retaguarda foi cortada por um grupo que pareceu brotar das esquinas queimando com chumbo os últimos cangaceiros da coluna.

– Jumento! – pensou de novo Lampião. E, desta vez, era ele mesmo o destinatário do elogio.

No instante seguinte, a praça virou um inferno com fogo cuspindo em todas as direções.

– Para a igreja! Para a igreja! – gritava Lampião secundado por seus lugares-tenentes, enquanto do próprio campanário choviam disparos sobre os cangaceiros desprotegidos na praça.

A caliça das paredes e lascas de madeira da porta da igreja pipocavam sob as balas dos soldados da volante que perseguiam os cabras de Lampião em sua fuga para o abrigo imaginado pelo chefe. O padre Furquim surgiu na porta da igreja tremendo mais do que sua voz ao gritar, com os braços agitados para o alto, seu apelo de cessar fogo para a volante:

– Aqui é a casa de Deus!

A artilharia cessou imediatamente após o estampido que jogou, nos braços do padre Furquim, o cangaceiro que recebeu a bala que, em seu rumo, não tinha como desviar-se do peito daquele servo de Deus.

– Fora! Fora! – gritava o capitão Nunes, ao mesmo tempo em que dois "macacos" afoitos agarravam o padre pelos braços arrastando-o para longe da igreja.

O cangaceiro apoiado nele despencou no mesmo lugar em que estava.

– Zé! – gritou alucinadamente um moleque do bando, jogando seu mosquetão para o alto e atirando-se sobre o corpo caído.

Dali ele não se levantou mais, atingido por não menos do que dez chumbos vindos de todos os lados.

Não era um moleque, mas a amante do cangaceiro José Leite de Santana, vulgo "Jararaca".

A voz do capitão Nunes voltou a ressoar sobre os estampidos, gritando para o padre Furquim:

– Quando o senhor voltar para lá, ela será novamente a casa de Deus. Agora, ela é o túmulo de Lampião!

A munição e os ânimos da volante terminaram pela alta madrugada quando os cabras de Lampião começaram a dispersar-se como formigas apressadas, em todas as direções, protegidos pela escuridão.

Até hoje a igreja matriz de Mossoró conserva as marcas das balas da volante decorando todas as suas paredes.

O cangaceiro Jararaca, que havia servido de escudo para o Padre Furquim, sobreviveu ao ferimento no peito e ficou preso na cadeia de Mossoró por quatro dias antes de ser levado para o cemitério da cidade onde foi arremessado para dentro da cova já aberta e praticamente enterrado vivo.

Seja por esse martírio seja por, conforme a lenda, ter se arrependido de seus pecados antes da morte, seu túmulo em Mossoró recebe a visita de turistas curiosos e de romeiros apaixonados pela lenda do "cabra" milagreiro.

Enquanto passava os dedos pelos buracos deixados pelas balas, Adão rememorava essa história e pensava como os instintos gregários se desenvolveram para proteger o homem do assédio dos animais melhor armados.

"*Reação e fuga, convívio e agrupamento foram as primeiras aptidões que os ancestrais do homem desenvolveram como resposta ao desafio de sua própria sobrevivência*".

Essas eram as expressões que Adão anotaria ao longo do mostrador do relógio sugerido pelo professor Módena entre as seis e sete horas e entre as seis e as cinco horas.

Ele estava anotando, no lado esquerdo, os comportamentos individuais e, no lado direito, os comportamentos gregários, para relacioná-los com as aptidões mais típicas dos alunos colocados nessas posições.

Percebeu que, na parte de baixo do mostrador, as aptidões anotadas eram todas típicas da porção mais ancestral do cérebro humano que o professor Módena havia identificado como o cérebro do lagarto.

E percebeu também que, em situações extremas de ameaça à sua vida e segurança, o ser humano utiliza instintivamente as aptidões desse cérebro.

– Como isso é verdadeiro – pensava Adão. Sempre que eu tenha tempo para pensar e usar todos os meus raciocínios, eu vou apelar para a razão, para meus conhecimentos, para a análise cuidadosa de fatos e dados, para avaliação das situações, para a imaginação, para a criatividade e para a capacidade de elaborar diagnósticos, antes de tomar decisões, planejar e agir. Sempre que eu esteja sob pressão ou diante de perigos ou ameaças imediatas, vou deixar que o cérebro do lagarto cuide disso para mim.

Perguntou a si mesmo:

– Quais foram as aptidões que o homem ou seus ancestrais desenvolveram depois dos instintos para ação, reação, fuga, convívio e agrupamento?

Adão lembrou-se do recente debate na sala de aula quando discutiu com seus alunos os primeiros contatos físicos extrassexuais: o ato de "tocar" os companheiros.

– Deve ter sido isso mesmo, nas atividades associativas no lado direito do cérebro... E no lado esquerdo? O que vem depois de "foge"? Esconder-se? Proteger-se? Mudar de ares?

Os macacos sociais

Um rio de água e um rio de óleo?

Enquanto a pequena canoa improvisada em lancha com motor de popa seguia o curso do barrento Solimões, a poucos minutos a leste de Manaus, em pleno coração da floresta amazônica, Adão não conseguia desviar seu olhar da longa linha de encontro com as águas escuras do rio Negro.

Elas realmente não se misturavam, nem se abraçavam.

Pareciam, apenas, se "tocar". E caminhavam juntas até onde a vista podia alcançar.

Somente então, se abraçavam e, logo, se tornavam uma só.

Novamente os pensamentos de Adão navegavam ao longo do que ele imaginava ser a rota da evolução das aptidões dos ancestrais do homem.

Os répteis só se tocavam para o acasalamento fugaz e sem qualquer amor ou carinho. Ainda hoje muitas espécies procedem assim. Adão pensou nas aranhas que sacrificam os machos depois do acasalamento.

Os machos acercam-se de qualquer fêmea porque podem distribuir suas sementes indiscriminadamente, confiantes de que assim assegurarão a perpetuação de sua espécie.

As fêmeas, uma vez fertilizadas, deverão caminhar através da gestação e precisam ser mais seletivas para garantir herdeiros fortes e saudáveis.

Elas não fazem isso até hoje? Não são atraídas pelos mais fortes, pelos mais bonitos, pelos mais inteligentes, pelos mais destacados?

Quais teriam sido os primeiros animais a se aproximar e se tocar pelo simples prazer? Ou necessidade de associação?

Adão imaginou que fossem os mamíferos. E lembrou-se dos macacos pacientemente retirando piolhos das costas de seus companheiros.

– Douglas, por que os macacos tiram piolhos das costas de seus companheiros?

– Para comer! (Quem respondeu foi o Aristides).

– Eu não tenho essa informação. (Esse é o Douglas que eu conheço!)

– Arrisque!

– Talvez seja para comer mesmo. O professor de ciências não falou sobre isso.

– Eu vi eles comerem!

– Bravo, Aristides! Vou lhe dar uma pista. Eles comem porque está na mão, mas, não é por isso que eles tiram.

– Não? Por que, então?

– Quem vai responder à pergunta do Douglas?

– Para agradar o outro?

– Tá esquentando, Felipe!

– Se ele não tirar os piolhos das costas dos outros, ninguém vai tirar os piolhos de suas costas!

– Beleza, Atílio. É mesmo uma atividade social!

* * *

– Senhor, já chegamos!

Adão se viu imediatamente de volta ao barco.

Aquela conversa com seus alunos só havia acontecido em sua imaginação. Mas, servira para ele perder uma boa parte do passeio.

E para confirmar suas suspeitas de que podia encontrar as respostas que procurava fora dos livros, passeando mundo afora.

Só que agora eu vou levar Samy comigo, pensou.

– Se não, quem vai tirar meus piolhos?

De vez em quando, Adão era assaltado pelo espirituosismo do Felipe. Só que fazia isso em pensamentos e não em voz alta.

Essa última viagem "solo" deu a Adão a oportunidade de completar os raciocínios que havia desenvolvido para entender o primeiro estágio de evolução entre as aptidões corporais do homem e suas aptidões sociais, anotando em seu caderno:

"Passou a viver sempre em grupos, para atacar melhor e defender-se melhor. Aprendeu a comunicar-se. Primeiro, por sinais e sons. Com o tempo, desenvolveu uma linguagem verbal, falada e escrita. Organizou comunidades e estruturas de produção e comando. Fez isso melhor do que os insetos. Evoluiu das respostas instintivas para as respostas intelectuais. Desenvolveu a inteligência superior."

A fuga dos Incas

Cumes nevados apareceram no horizonte quando o trenzinho que levava os grupos de turistas de Cuzco para Machu Picchu completou uma curva de quase 360 graus.

Muitos turistas que até então nunca haviam visto a neve ao vivo correram até as janelas para fotografar e filmar. Entre eles, Adão. E, agora, Samy.

O trem diminuiu a marcha e logo parou para que todos pudessem desfrutar da paisagem. Na verdade, era como se a excursão estivesse penetrando em um novo mundo, escondido entre os picos da cordilheira dos Andes.

Menos de cinco quilômetros adiante, o grupo chegava ao seu destino. No fundo de um vale e no sopé de morros com cumes entre arredondados e pontiagudos.

Em frente à bucólica estação final daquele sinuoso ramal ferroviário, uma trilha mais sinuosa ainda, na verdade um perfeito ziguezague de chão pedregoso recortado na sebe, denunciava a "estrada" que os levaria em um pequeno ônibus até a cidade perdida dos Incas, no alto do morro.

Viajar acompanhado era outra coisa. Sem contar a facilidade para suportar e desfrutar o frio agudo da noite anterior em Cuzco, ter alguém com quem comentar suas impressões parecia, naquele momento, a melhor recompensa.

– Veja que loucura, Samy... Quando os espanhóis invadiram a capital do Império Inca em Cuzco estavam à procura do Eldorado para onde imaginaram que os sobreviventes foragidos haviam se exilado. No entanto, eles haviam fugido para este vilarejo de pedras onde não havia um décimo do ouro arrebanhado pelos espanhóis em Cuzco.

A "cidade perdida" dos Incas jamais foi encontrada pelos conquistadores espanhóis. Nem pelos descendentes daqueles que acabaram por abandonar Machu Picchu, despojados de seu império, de seus líderes e de sua cidadania.

Talvez Machu Picchu estivesse irrevelada até hoje se um fazendeiro da região, já no início do século XX, não tivesse perdido algumas mulas que se persignou em procurar.

Dois peões, seguindo a trilha das mulas entre a mata intrincada, viram-se, subitamente, dentro daquela cidade de pedra toda coberta de mata fechada.

Que encantamento deve ter sido, pensava Adão.

Ou susto, ou medo, ou indiferença?

Mais uma vez, Adão se dava conta que qualquer evento pode ser visto de uma forma completamente diferente por cada pessoa.

O que era para ele motivo de encantamento podia ser encarado por outros como ameaça, oportunidade ou nenhuma coisa digna de nota.

O Douglas não ia ligar a mínima para o evento.

O Atílio ia sentir em sua própria carne o sofrimento dos Incas. O Aristides ia notar a trilha no alto do morro ao fundo, e preocupar-se em saber como os Incas chegaram de Cuzco até Machu Picchu; quantos dias tiveram de caminhar.

O Felipe começaria a especular sobre como eles fizeram aqueles encaixes tão perfeitos nas rochas empilhadas, imaginando o auxílio de extraterrestres.

Sobre esse ponto, o Douglas procuraria uma explicação lógica.

Adão aproveitou esse pensamento para acrescentar mais um quadro à sua proposta de desenvolvimento sequencial dos talentos humanos, focando a passagem dos talentos sociais para os talentos críticos:

"*Começou a observar e a analisar o ambiente ao seu redor. A qualificar, quantificar, avaliar, comparar e compreender. Começou a imitar a natureza, descobrindo o domínio do fogo, a fundição dos metais, as primeiras ferramentas e máquinas elementares como a roda, a alavanca e o plano inclinado; com o tempo, entendeu o magnetismo, a eletricidade. Desenvolveu as ciências matemáticas, a medicina e outras ciências humanas e biológicas".*

Nessa viagem ao Perú, com Samira, Adão sentiu-se como se já mergulhado em um berço de civilização que esperava só encontrar quando viajasse para a Europa. Seria a primeira viagem com a família inteira.

Letícia e Bruno, que nessa oportunidade haviam ficado com a avó, já estariam um pouco mais crescidos, em condições de, imaginavam Adão e Samira, aproveitar melhor uma viagem mais cultural como a programada para a Europa.

Out of Africa

Quase todo o corpo de Adão estava em carne viva. E o mesmo acontecia com Samy, Bruno, Letícia e todos os seus amigos.

Já não era mais possível conviver com aquela absurda multidão de insetos na floresta. E não havia defesa possível contra eles.

Durante séculos e séculos, a floresta fechada tinha sido o habitat natural de todos os seus ancestrais. Poucos animais se moviam com seu desembaraço naquele intrincado sistema de árvores e cipós.

Sua segurança estava garantida contra a maior parte de seus inimigos que, mesmo capazes de subir quase tão rapidamente como ele nas árvores, encontravam o fim de seu caminho nos ramos mais altos de onde Adão e todos de sua espécie saltavam, com grande facilidade, para as árvores vizinhas, fosse viajando de cipó em cipó, fosse viajando suspensos nos cipós soltos e mais flexíveis.

Por que, agora, esses insetos? Estava muito claro que eles proliferavam muito mais rapidamente do que os primatas.

Enquanto Samy e todas as outras fêmeas tinham de descer ao solo para ter suas crias, raramente em pares, depois de longos nove meses de espera e gestação, os insetos botavam nos ramos dezenas de ovos que eclodiam em poucas semanas em fantásticas ninhadas.

– Competição injusta... – pensava Adão. Depois de desenvolver tantas aptidões que os colocavam no alto da pirâmide biológica, como as capacidades de convívio e agrupamento, trabalho solidário e comunicação grupal à distância, ali estavam eles tentados a apelar para suas aptidões mais ancestrais de fuga.

Adão já havia explorado várias vezes as cercanias da floresta e vislumbrara algumas oportunidades de crescimento em um ambiente com campos e arbustos que se estendiam a perder de vista.

Mas, conseguiriam sobreviver sem as árvores? Caminhar longas distâncias sob aquele sol amarelo e quente? Escapar das garras afiadas daquelas velozes panteras de quem sempre riam do topo das árvores?

O desafio parecia terrível, mas aquela voz em sua cabeça continuava a impeli-lo ao seu encontro: – "Levanta-te e anda!"

O sol começava a despontar no horizonte quando Adão e sua família chegaram ao limite da floresta e contemplaram o horizonte sem fim que se abria à sua frente.

Bruno balbuciou uma expressão de medo e recuou para a sombra da árvore mais próxima. Adão pegou-o pelo braço e, nesse momento, viram-se, pela primeira vez, caminhando exclusivamente sobre suas patas traseiras.

Um movimento oscilante, engraçado, meio desequilibrado, mas que dava a todos eles uma sensação nova de superar o medo e partir para uma nova e inacreditável aventura.

Durante séculos, os descendentes de Adão percorreram aquelas campinas e aventuraram-se até as montanhas no horizonte.

Sofreram todas as espécies de provações, desde a fome motivada pela absoluta falta de qualquer espécie de alimento naquelas estepes até a dilaceração mortal sob as garras de tigres e leões.

Mas, aprenderam muito, também.

Cavar o solo em busca de raízes comestíveis e água. Cercar, em um largo círculo de caçadores, os pequenos animais que bebiam nas margens dos riachos, conseguindo capturar alguns, apesar de sua maior velocidade.

Improvisar lanças para a caça com longas varas de bambu ou madeira.

Viver agrupados para maior segurança de todas as famílias. Atacar em bandos os grandes búfalos e derrubá-los apesar de seu enorme peso.

Suas famílias cresceram até o ponto de constatar que haviam se transformado nos novos insetos das estepes.

Agora, eram os outros animais que fugiam, sempre na direção dos pontos mais altos que surgiam no horizonte.

Nas montanhas, eles encontraram abrigos naturais e começaram a estabelecer residência fixa em cavernas, saindo durante o dia em longas jornadas em busca de caça, frutas e raízes que traziam para suas mulheres e crianças no pôr do sol.

Samy foi a primeira a se queixar do frio. Mas, logo eles aprenderam a não abandonar as peles dos búfalos e outros animais que caçavam, passando a caminhar com elas envoltas em seus corpos.

Adão observou que eles eram os primeiros animais a usar roupas e nunca soube que, durante todos os milênios que se seguiriam, assim continuaria a ser.

Ao longo das mais de uma centena de gerações já passadas, eles haviam perdido suas caudas e, pelo menos, vinte centímetros de seus braços.

Passaram a andar eretos, sem curvar-se para a frente ou tomar apoio nas costas das mãos, para caminhar ou correr.

Mais um dia chegava ao seu fim e, nessa noite, Adão, de pé, com um casacão de pele de urso e uma longa lança na mão direita, montava guarda no alto do penhasco, enquanto toda a tribo dormia.

Viu-se à distância. Uma impressionante silhueta de poder, recortada sobre o céu claro de uma noite de lua e estrelas.

Ele, positivamente, já não era mais um macaco!

* * *

– Você me chamou de quê?

Adão estava cochilando em sua mesa quando Aristides veio entregar a primeira prova.

– Professor... já terminei.

Os alunos no fundo da sala estavam rindo. Eles perceberam que Adão havia cochilado e coçado atrás da orelha com os dedos dobrados.

Foi o brincalhão Felipe quem falou alto:

– Parece um macaco!

Adão não ouviu isso, conscientemente.

O desenho inteligente

Entusiasmado com seus próprios pensamentos, Adão entrou na sala do professor Módena sem bater. Mais do que sem bater, escancarando a porta.

Módena levou um susto:

– Que foi?

– Já sei! Já tenho a proposta para o futuro da estrela do mar!

– O que é isso?

– Você sugeriu que eu desenvolvesse algumas ideias sobre o processo de evolução para a gente voltar a conversar...

– E você fez isso?

– Aproveitei tudo o que você me ensinou, mas pesquisei, coloquei vários raciocínios adicionais e montei um modelo completo da evolução, começando com os lagartos pré-históricos e desembocando no homem atual...

– Quer me mostrar?

Adão ligou seu notebook e exibiu ao seu colega as imagens que ilustravam o texto que ele recitou quase de cor, consultando vez ou outra suas anotações escritas.

– Você pode ver que eu substitui a imagem do "relógio de aptidões" que adotamos em nossa última conversa por uma elipse para representar o cérebro humano, como você sugeriu naquela oportunidade.

Dividi essa elipse em seis grandes fatias a partir do centro para representar os diferentes polos de aptidões cerebrais. Chamei esses polos respectivamente de norte (N), nordeste (NE) e noroeste (NO), sul (S), sudeste (SE) e sudoeste (SO), conforme suas posições. Veja esta imagem.

— Bonita. Parece um ovo – riu Módena.

— A ideia é que esse "ovo" represente o sistema nervoso central – visto por trás – já incluindo o conceito do cérebro de três camadas que você descreveu: o cérebro do lagarto, o córtex cerebral e o neocórtex. E associando, também, o conceito dos hemisférios cerebrais esquerdo e direito.

— Visto por trás?

— É. Para que o lado leste, à direita do leitor, possa representar o hemisfério direito e o oeste, o hemisfério esquerdo. É mais estreito embaixo porque começa com as aptidões mais ancestrais e limitadas. Por isso, parece um ovo.

— Bem pensado.

— Veja como eu historiei a evolução das aptidões de cada um desses polos começando pelo polo sul (S):

Alguns dos mais remotos ancestrais do homem, como os répteis da família teriodontes, vivendo no triássico e no jurássico, há mais de 200 milhões de anos, não tinham um cérebro maior do que um ovo, embora pudessem atingir 25 metros de comprimento e 35 toneladas de peso.

A capacidade desse cérebro estava limitada à promoção dos movimentos essenciais à sua sobrevivência e subsistência representados pelas ações de comer e procriar.

Para comer e procriar, os primeiros habitantes do planeta, ancestrais remotos do teriodonte, não precisavam mais do que apetite. O teriodonte já havia aprendido a disputar alimento com todos seus competidores, a disputar fêmeas com seus semelhantes e, também, a garantir sua sobrevivência através da associação com outros animais de sua espécie, vivendo em bandos.

Ação, reação e fuga, convívio e agrupamento eram as aptidões essenciais do "cérebro do lagarto" que persistem, até hoje, como as aptidões fundamentais do sistema nervoso central da maior parte de todos os animais conhecidos, inclusive os mamíferos e o homem.

Embora reconhecendo o paradoxo de ser o cérebro o mais importante e o menos conhecido dos órgãos componentes do corpo humano, a ciência já conseguiu catalogar muitas informações a respeito de sua fisiologia e funcionamento.

Dessas informações, as mais importantes para a compreensão da problemática relativa ao desenvolvimento das aptidões cerebrais dizem respeito, em primeiro lugar, à clara definição de que as funções que costumamos atribuir ao "cérebro" são, na realidade, desempenhadas por um conjunto de organismos de comando de todo o sistema nervoso incluindo a medula, o cerebelo e o córtex cerebral, além de vários órgãos intermediários: bulbo, ponte, tálamo e amígdala, em destaque.

Em segundo lugar, vem a constatação de que a estrutura desse sistema, em todos os animais, apresenta características peculiares derivadas de um modelo primitivo – o cérebro dos répteis pré-históricos, semelhante ao dos lagartos de nosso tempo, que passou por subsequentes evoluções ao longo dos séculos e milênios, facultando a percepção de que esse sistema continua evoluindo.

A ciência reconhece que o sistema nervoso central do ser humano tem características adquiridas em cada estágio do desenvolvimento evolutivo e que, dessa herança, é possível identificar três principais níveis de atributos funcionais específicos:

O nível medular, responsável primariamente pelos movimentos de marcha, reflexos de afastamento de partes do corpo de objetos ameaçadores, estiramento dos membros inferiores para suporte do peso do corpo, reflexos que controlam os vasos sanguíneos, movimentos gastrointestinais e outros.

O nível cerebral inferior, responsável por grande parte, senão a maioria, das atividades orgânicas subconscientes: pressão arterial e respiração, controle do equilíbrio, reflexos da alimentação (salivação, lamber os lábios) e respostas emocionais como a raiva, excitação, sexo, reação à dor e ao prazer.

O nível cerebral superior, responsável pelo armazenamento de informações, pelas elaborações intelectuais que dão origem aos movimentos deliberados e pelo suporte às funções e operações dos centros cerebrais inferiores, às quais empresta precisão.

A ciência conseguiu estabelecer, também, que o córtex cerebral nunca funciona sozinho, mas sempre em associação com os centros cerebrais inferiores que mantêm o córtex cerebral em alerta, abrindo seu "banco de dados" para a máquina de pensamento do cérebro.

Fica fácil perceber que o córtex cerebral tem atribuições basicamente conceptivas, cabendo ao sistema límbico – associação das porções mais antigas do cérebro – a motivação da maior parte das atividades motoras e funcionais do cérebro.

Em outras palavras, o córtex cerebral principalmente pensa, enquanto o sistema límbico principalmente movimenta ações e reações.

Tendo em vista essa constatação, é curioso observar que a instalação dessa capacidade cerebral, que demandou milênios de evolução, se reproduz em poucos meses e anos no processo de apropriação dessas capacidades pelo homem moderno.

O homem, ao nascer, tem sob seu domínio apenas as aptidões relacionadas no primeiro estágio de evolução das espécies.

Embora o recém-nascido já traga um cérebro com todas as aptidões relacionadas nos três níveis descritos, ele só é capaz de utilizar as aptidões límbicas essenciais à sustentação de sua vida em um estágio tão primário como chorar e sorver o alimento colocado em sua boca.

Todos os animais inferiores na escala zoológica estão, ao nascer, muito mais aptos do que o homem.

No entanto, em poucos dias e meses, o ser humano vai se assenhoreando das capacidades que fazem dele um animal superior e único.

Se você acompanhar, passo a passo, o desenvolvimento do embrião humano, terá um vislumbre do processo evolutivo, desde um peixinho com guelras e uma cauda que ele perderá para nascer quase idêntico a um filhote de macaco.

Passando um filme rápido dos primeiros meses de vida de uma criança, você a veria rastejar e andar de quatro até o momento mais decisivo de sua evolução, quando se levanta sobre as patas traseiras.

Você teria perdido, apenas, um momento muito mais decisivo do que esse. O momento em que ela saiu da água, minutos antes do parto.

O desenvolvimento do incipiente cérebro pré-reptiliano, com aptidões limitadas às ações de comer e procriar, deu-se em duas direções.

Para o lado esquerdo, cresceram as aptidões relacionadas com a preservação a partir da proteção individual: reação e fuga.

Para o lado direito, cresceram as aptidões gregárias destinadas a garantir a sobrevivência através da associação com outros: aproximação e agrupamento.

Com essa conformação e aptidões cerebrais, encontramos a maior parte dos animais conhecidos, mamíferos ou não.

Ação, reação e fuga, convívio e agrupamento são comportamentos comuns a mamíferos, répteis, aves e outras espécies. E nenhuma dessas aptidões exige elaborações intelectuais como as propostas no córtex cerebral.

Essas aptidões são suficientes para prover a subsistência de qualquer ser vivo em um ambiente não muito competitivo ou ameaçador.

Observe os jacarés. Seus movimentos são bruscos e despidos de qualquer refinamento. Eles podem ser encontrados em bandos, mas não mantêm qualquer atividade associativa. Podem lutar por um pedaço de comida ou abandoná-lo para os mais fortes. Vivem ao ar livre, sem qualquer preocupação com um abrigo.

Agem, reagem, fogem, convivem e agrupam-se. Mas não constituem famílias.

As galinhas já parecem um pouco mais sociais. Elas ainda se movem aos trancos e não desenvolvem qualquer esforço associativo. Mas, amparam sua ninhada, ajudando-a a ciscar alimentos até que os filhotes se tornem autossuficientes.

Muitas aves levam o alimento até a boca dos filhotes.

As galinhas utilizam os ninhos e abrigos que sejam preparados para elas. A maior parte das aves fabrica seus próprios ninhos e, até, abrigos.

As aves e os mamíferos desenvolveram um sistema cerebral de "segunda geração", incluindo, pelo lado esquerdo, a busca de abrigo (toca ou covil) e a mobilização de recursos (ninho ou cama) e, pelo lado direito, as aptidões de associação, incluindo os contatos físicos extrassexuais e a comunicação através de sons (paralinguagem).

Todos os mamíferos têm um sistema cerebral mais evoluído para as aptidões sociais. Geram os filhotes em seu ventre, cuidam deles depois do nascimento e os amamentam durante toda a infância. Muitos animais selvagens caçam em bandos e ensinam seus filhos a caçar.

Todos eles exibem uma grande variedade de comportamentos envolvendo contatos físicos extrassexuais e são capazes de aprender a realizar tarefas surpreendentes.

Os macacos carregam seus filhos no colo. E são vistos removendo piolhos de seus parceiros e trocando entre si essa função.

Embora não produzam ferramentas, podem improvisar algumas e aprender a usar outras.

O nível de conformação cerebral e aptidões dos macacos já não é comum à maioria dos animais e desenvolveu-se de forma acentuada nos primeiros grupos de primatas que, fugindo das florestas densas, há mais de dois milhões de anos, passaram a viver agrupados em cavernas e abrigos improvisados nas estepes e montanhas.

É empolgante imaginar os extraordinários desafios enfrentados por esses ancestrais mais próximos do homem para a sobrevivência fora das florestas.

Seus membros superiores, ainda mais avantajados do que as pernas, perdiam grande parte de sua utilidade em um ambiente onde as árvores e cipós eram escassos e pouco os auxiliavam em suas caminhadas ou fugas, posto que, há muitas gerações, já não funcionavam mais como "patas dianteiras".

Os felinos moviam-se a pelo menos o dobro de sua velocidade, podendo caçá-los com muito maior facilidade do que caçavam as gazelas e outros quadrúpedes.

Comedores de frutas, tubérculos e insetos, com dentes pequenos e maxilares fracos, eles tiveram que, muito antes de descobrir a agricultura, tornar-se nômades em busca de alimentos e expandir suas limitadas aptidões carnívoras para disputar caça com predadores muito mais especializados.

Precisavam de aptidões cerebrais capazes de compensar essas diferenças. Precisavam de um córtex cerebral.

As primeiras células do córtex cerebral trouxeram, pelo lado esquerdo, a autodisciplina, o autocontrole de ações e movimentos deliberados e, em seguida, a capacidade de pensar suas ações (planejar).

Pelo lado direito, vieram as aptidões para o apoio social recíproco, para a transmissão de conhecimentos, experiências e, logo, para o envolvimento emotivo e social completo entre os grupos, que só pôde realizar-se em profundidade com o surgimento da linguagem falada e escrita.

Os fósseis do Homo Erectus, datando mais de 1,5 milhão de anos, exibem uma caixa craniana bem menor do que a do homem moderno com a testa ainda projetada para trás, revelando menor presença de massa cerebral na região frontal do crânio.

O Homem de Java, com fósseis datando de mais de 500 mil anos, ainda tinha a fronte baixa e o cérebro pequeno. O Homem de Pequim, aparentado do Homem de Java, com menos de 300 mil anos, já apresentava maior capacidade craniana.

Entre o Homem de Neanderthal e o de Cro-Magnon, separados entre si por 30 mil anos de evolução, é que a capacidade craniana chega às dimensões da encontrada no homem atual.

O neocórtex abriu espaço para os exercícios intelectuais: a análise, a quantificação e a crítica, a avaliação e o entendimento, pelo lado esquerdo, e a imaginação, a especulação e as capacidades de inferir e quase adivinhar, pelo lado direito.

Essas aptidões constituem as aptidões intelectuais do homem, responsáveis pelas superiores capacidades de raciocinar, entender, criar e combinar conhecimentos e ideias de todos os tipos, gerando, cada vez mais, novos conhecimentos e novas informações, em condições de imprimir, como estão imprimindo, um ritmo de crescimento exponencial para o saber.

* * *

Uau! Acho que Darwin daria nota dez! – comemorou Módena.

– Interessante você ter dito isso porque só ouvi comentários negativos quando vindos dos adversários de Darwin – comentou Adão.

– Os criacionistas?

– E crentes em geral, que reduzem a questão à descendência de Deus ou do macaco.

– No que me diz respeito, nem entendo como a questão evolucionista demorou tanto tempo para ser colocada – emendou Módena. Nem porque ou como Darwin possa ser contestado. É só olhar e ver que estamos e estivemos, sempre, atravessando um processo evolutivo.

– Regido pela natureza? Ou por Deus?

– Você vê alguma diferença realmente relevante entre uma coisa e outra, Adão?

– Pensando bem, não. Aliás, eu disse isso outro dia.

– Como assim?

– Eu fiz uma palestra sobre essa apresentação que lhe mostrei em uma reunião empresarial. E, no fim, um dos participantes me procurou perguntando se eu realmente acreditava que o homem descendia do macaco.

Respondi, de pronto, que, em minha palestra, eu não dizia isso, mas afirmava, à sombra de qualquer dúvida, que acreditava que tanto o homem quanto o macaco descendiam de uma criatura unicelular.

Ele me perguntou: – E o Criador?

Consegui responder, sem pestanejar: – O Criador determinou que assim fosse!

– Brilhante, Adão!

– Isso eu não sei, porque ele não disse nada. Mas tenho a impressão que se afastou mais pensativo do que zangado.

– O conflito entre religião e ciência só existe mesmo se quisermos levar as parábolas ao pé da letra. Acho que sua visão "o Criador determinou que assim fosse" resolve perfeitamente o problema.

– Ela complica um pouco quando as pessoas levantam a tese do "desenho inteligente" no ponto em que afirma que o homem é a melhor prova da existência de Deus.

– Como assim, Adão?

– Eu realmente acho que o homem, tanto quando dezenas e centenas de outras criaturas vivas e animais, com as fantásticas articulações de seus esqueletos e seus inacreditáveis sistemas circulatórios, digestivos e nervosos entre outros, é um verdadeiro prodígio da natureza. Até agora não conseguimos, e certamente não conseguiremos tão cedo, fazer nada parecido.

Mas, ele certamente não foi planejado. Foi feito ao longo de milênios através de um processo de tentativas e erros.

– E ainda têm muita coisa errada – comentou Módena.

– Pois é – emendou Adão. Outro dia estivemos falando sobre a estrela do mar, um bicho muito atrasado, com 100% de seu corpo dedicado às funções de locomoção, ingestão, digestão e procriação... Agora chegamos ao homem – feito à imagem e semelhança de Deus? – com 95% de seu corpo dedicados às funções de locomoção, ingestão, digestão e procriação. Você chamaria isso de desenho inteligente? – e emendou:

– Como você desenharia o homem?

– Eu? Não faço ideia, mas acho que o Criador faria uma esfera voadora, como todas as outras milhares e milhares que fez.

– Um homem com forma de bola?

– Você conhece uma forma mais perfeita do que a esfera?

Adão pensou em duas semiesferas, mas não disse nada, porque Módena conhecia a Samira e, certamente, faria a associação.

Quinta dos Chãos

Adão foi o primeiro hóspede no casarão de dezesseis quartos, recentemente restaurado, na propriedade de um amigo em Sintra, Portugal.

A ideia de passar a noite sozinho naquele quarto, com lareira e cama com dossel lavrada à mão no século XVIII, despertou em Adão algumas fantasias a respeito de visitas noturnas e revelações a respeito do passado e almas reencarnadas.

Mas, ele dormiu como um bebê ou, mais precisamente, como um viajante extenuado, sem sonhos lembrados ou sobressaltos, embora estivesse, até o último momento antes de pegar no sono, tentando adivinhar os primeiros moradores do casarão.

Todas as demais construções da Quinta ainda careciam de obras de restauração e até dos mínimos cuidados de manutenção, ostentando uma aparência de antiguidade e abandono total.

Os primeiros raios de sol foram encontrar Adão explorando essas velhas construções.

Em seu interior, o tempo havia parado. Velhos utensílios agrícolas, já parcialmente destruídos e sem condições de uso, misturavam-se a antigas peças de mobiliário rústico. Nada que lembrasse os dias de hoje.

E, sem pensar ou imaginar, Adão mergulhou completamente naquele tempo passado, exatamente no momento em que cruzou a porta de um estábulo obscuro na vertente de uma magnífica e secular alameda de palmeiras.

Um cheiro forte de alfafa denunciou a presença dos fardos que cobriam as demais entradas e janelas, escurecendo o ambiente em plena luz da manhã.

Como podia a alfafa conservar seu odor característico por mais de cem anos?

Não podia, efetivamente, mas tinha aquele cheiro fresco porque estava acabando de ser trazida para aquele espaço que, de repente, já não parecia tão velho.

Os trabalhadores que entravam carregando os fardos e retornando imediatamente para descarregar a carroça estacionada no pátio, esses sim, pareciam trajados à moda do século passado.

Roupas de algodão grosseiro, tecido e costurado à mão. Botinas de couro também claramente costuradas à mão.

Adão tinha certeza que a Quinta estava desativada há muitos anos. O que significava aquele movimento?

A resposta veio imediata e assustadora quando ele dirigiu-se a um daqueles carregadores e moveu a mão em direção a seu braço sem obter qualquer atenção.

Sua mão passou diretamente através do braço do camponês.

Adão apoiou-se na parede para não desfalecer e, vagarosamente e sem poder impedir, deslizou até sentar-se no chão.

Muito assustado e com o coração aos saltos, vacilou entre tentar levantar-se e fugir ou continuar ali, tentando compreender.

Adão fechou os olhos, abaixou a cabeça e respirou fundo. O barulho a seu redor cessou imediatamente, obrigando-o a olhar.

O estábulo estava vazio, embora o cheiro da alfafa ainda impregnasse suas narinas.

* * *

Plantar, colher, enfardar e guardar.

Há mais de 7.000 anos, o homem dominava a agricultura, ganhando a prerrogativa de poder estabelecer-se de maneira definitiva nos lugares mais aprazíveis e seguros, sem ter de, depois de consumir todas as frutas, folhas, raízes e caça ao seu redor, iniciar novamente longas jornadas em direção a um destino desconhecido no horizonte distante.

Adão não sabia qual teria sido o primeiro povo ou a primeira tribo a fixar residência em uma região escolhida, passando a ser amparado pela pecuária e pela agricultura, mas algo lhe dizia que ele iria ter um vislumbre da verdade em uma de suas próximas viagens, fosse ela real ou imaginária.

Fosse ela em tempo presente, fosse ela em tempos passados. Fosse ela na vida presente, fosse ela em vidas ancestrais.

Nave São Gabriel

Adão cerrou os olhos e pareceu sonhar acordado.

Ouvia, muito alto como um trovão, o barulho do bater das velas chicoteadas pelo vento que mudava de direção.

Percebeu-se deitado no convés de um Galeão e voltou a cabeça e os olhos para a direita, para cima e para trás, na direção do troar.

Viu a enorme vela enfunando, e a cruz de Cristo no centro dela.

Ainda semidesperto identificou-se como um tripulante da São Gabriel, nave capitânia da pequena frota de quatro barcos que Vasco da Gama conduzia pela primeira vez ao redor do mundo, navegando já no Oceano Pacífico, em direção às Índias.

– Como a Cruz de Portugal chegara tão longe? – especulou.

Voltou a fechar os olhos para imaginar como uma nação tão jovem, com menos de quinhentos anos de história, território reduzido e poucas gentes, transformava-se rapidamente em um grande império mundial.

A vela voltou a estalar interrompendo seu devaneio. Mas, agora, ouviu-a abafada no meio de um ensurdecedor tropel de cavalaria.

Despertou de vez para perceber que a cruz estava no estandarte do cavaleiro que passou como um raio ao seu lado gritando um brado de alerta: – Afonso! Atenção!

Mal teve tempo de desviar a cabeça da espada moura que passou zunindo por sua orelha esquerda.

Agora ele estava realmente acordado, no tempo e no lugar certos, em meio a uma batalha sangrenta.

O ano era 1142 da Era Cristã. O local, a margem norte do Tejo, não muito longe da foz.

Os inimigos, os berberes que ocupavam suas terras há mais de quinhentos anos, vinham, ao longo dos últimos cem, sendo empurrados de volta para suas casas sob a inspiração de Afonso III e, nessa batalha, sob o comando de seu neto Afonso V das Astúrias.

Adão conhecia bem Afonso V. Tinha convivido com ele desde seu nascimento, fora amamentado por sua mulher e vira-o reinar sobre Leão e Castela.

Ele sabia que, expulsos os árabes, o reino de seus antepassados seria novamente aumentado e que ele assumiria o trono com o título de Afonso VI, podendo autodenominar-se "Imperador de toda a Espanha".

Empinou seu cavalo, alegrando-se com a ideia, e partiu, ainda com maior vigor e fúria, sobre seus adversários no campo de batalha.

Os mouros, agora, estavam mais fugindo do que lutando. Mas, eram manhosos. Não se podia dar-lhes trégua porque eles logo contra-atacavam tentando manter seus pés na Península.

Fustigados sem interrupções, eles rolavam pelas barrancas do Tejo, abandonando seus cavalos e nadando como desesperados em direção aos barcos que os iam levando para o mar aberto.

Adão viu o último comandante mouro, já a bordo de um barco salva-vidas, fazendo-lhe gestos obscenos.

Não podendo mais alcançá-lo, arremessou sua espada por cima da cabeça, com toda a força, na direção do ismaelita.

E observou a espada girando no ar, em sentido anti-horário, até mergulhar nas águas do rio.

Essa imagem fixou-se em sua retina. A espada flutuando no espaço, girando cada vez com maior velocidade e fazendo o tempo voltar atrás.

Começou a recapitular, em sua mente, os acontecimentos que, ao longo de mais de dez mil anos, antecederam aquele instante.

Adão fazia isso fantasiado como participante de todas as situações sobre as quais tinha alguma informação e, também, criando na imaginação eventos que preenchiam as lacunas de seu conhecimento.

Viu-se chegando à Península Ibérica com os primeiros grupos de Celtas, vindos do leste europeu.

Conversavam animadamente em um idioma que os habitantes do local não entendiam

– *Tabhair dom ghrása, Fíormhac Dé.*

Tabhair dom do neartsa, An ghrian gheal ghlé

(Dê seu amor, filho de Deus. Dê-me sua força, ó brilho do sol)

mas, tentavam responder com ruídos que eles, por sua vez, entendiam menos ainda:

– *Uga... uga...*

Os aldeões que habitavam a região há mais de quatro mil anos, vivendo em grupos familiares em sítios distantes uns dos outros ou em pequenas tribos, pareciam, embora receosos, contentes em vê-los.

Tiveram poucos enfrentamentos. E esses poucos foram rapidamente afogados em sangue.

Na maior parte das vezes, partiram mais para o amor do que para a guerra até uma miscigenação completa.

Seus descendentes, os celtiberos, espalharam-se por toda a região e a ocuparam sem grandes atribulações por mais de cinco mil anos, organizando-se socialmente em cúrias, tribos e agrupamentos maiores que vieram a ser conhecidos por diferentes nomes: Calaicos ou Gallacci, Lusitanos, Conios e outros grupos menores.

Esses grupos não tinham um idioma comum – falando misturas do celta com seus dialetos originais – nem uma religião comum e, muito menos, uma "nação" organizada.

Tornaram-se presa fácil do Império Romano que, por volta do ano trezentos a.C, anexou uma parte de seu território batizando-a de província Hispânia.

Conta-se que um comandante lusitano, de nome Viriato, teria, com seus soldados, contido a invasão romana por alguns anos em parte do território, para terminar derrotado e morto à traição no ano 140 a.C.

Aos romanos não interessava ocupar, povoar e, menos ainda, destruir as civilizações anexadas. Eles queriam mantê-las exatamente como estavam. Trabalhando, produzindo, trabalhando mais, produzindo mais e pagando tributos para Roma.

– É, mas a língua deles nos enfiaram goela abaixo – Adão pensou alto interrompendo suas rememorações. E divertiu-se com a ideia "nos enfiaram a língua goela abaixo"...

Governadores romanos, coletores de impostos e soldados para garantir essa coleta foram enviados para a região. Mestres para ensinar a cultivar uvas e preparar um vinho melhor. Mestres para ensinar a produzir um melhor azeite.

E os mestres ensinavam em latim. Os coletores cobravam em latim. Os soldados gritavam ordens em latim. Os aldeões tinham de aprender depressa, para garantir sua boa saúde.

Novas levas de romanos vieram e se misturaram à população, ao longo de mais seis ou sete gerações.

No fim do século I a.C, o imperador Augusto criou a província da Lusitânia que não correspondia à totalidade do atual território português já que as terras ao norte do rio Douro integravam a Terraconense.

Em finais do século III d.C, o imperador Diocleciano subdividiu a Terraconense em outras províncias, entre as quais a Callaccia, que integrava o norte do atual Portugal, a Galiza e as Astúrias.

– Nessa época, eles já nos haviam posto goela abaixo também sua religião – pontuou Adão.

Já rezamos em latim e falamos, no dia-a-dia, uma língua românica: daqui para a frente, descendentes dos Celtas e Romanos seremos todos. Mas, nem nos lembramos mais como falavam os Celtas.

E não ficou por isso. Em 409 d.C, os bárbaros, Suevos, Alanos e Vândalos fixam-se na Hispânia, levando de roldão as falanges romanas. Em 411, eles dividem entre si o território.

Os Vândalos Asdingos ocuparam a Galécia, os Suevos, a região a norte do Douro, os Alanos, as províncias da Lusitânia e a Catagi-nense. Os vândalos Silingos ficaram com a Bética.

E também não ficou só por isso...

Os romanos enviaram grandes exércitos de Visigodos mercenários para subjugar os invasores.

De todos esses povos, foram os Suevos e Visigodos que mantiveram uma presença mais constante na região do atual estado Português. Os Suevos estabeleceram a capital de seu reino em Braga, expandindo depois seu território na direção da Galiza e da Lusitânia.

– Esses não tinham o que nos ensinar. Eram pagãos e foram evangelizados por S. Martinho de Dume. Engoliram nossa fala romance e nossa religião – pensou Adão.

Lembrou-se que, a partir de 470, haviam crescido os problemas entre os reinos suevos e visigodos vizinhos e que, em 585, o rei visigodo Leovigildo tomara Braga e anexara o reino suevo. A partir dessa época, toda a Península Ibérica, com exceção de algumas zonas no litoral sul controladas pelo Império Bizantino, ficaria unificada sob o reino visigodo.

Como povo, os bárbaros, numericamente inferiores aos hispano-romanos, vieram a ser totalmente absorvidos por esses, em uma completa miscigenação étnica e cultural. Mas, muita coisa havia mudado. Com a destruição de um grande número de cidades, ocorrera uma acentuada ruralização da vida econômica.

– Plantar, colher, amar e viver em paz parecia ser nosso destino a partir de então – voltou a pensar Adão. Não fosse a briga entre cristãos e muçulmanos para ver quem era melhor. Cristo ou Maomé.

Em 711, a Península Ibérica foi invadida pelos muçulmanos (berberes com alguns componentes árabes). Eles dominaram partes da península por mais de cinco séculos, tratando de promover e implantar sua religião. Durante esses séculos, nas Astúrias, a única região que resistiu à invasão árabe, desenvolvia-se um movimento de reconquista da Península, culminando com o fim do poder político islâmico sobre ela, com a tomada de Granada pelos Reis Católicos, em 1492.

Nesse ano, o reino de Portugal já estava formado, soberano e completo, alçando seus olhares para o além-mar e ansioso também para, dentro do espírito das Cruzadas, difundir o Cristianismo.

Mas, Adão estava, ainda, em 1142, na pele do infante Afonso. Faltavam trezentos e cinquenta anos para que ele, seus descendentes e outros reis católicos terminassem a "limpeza" que estavam empreendendo e mais cinco para que, em 8 de julho de 1497, seu espírito embarcasse na nau de Vasco da Gama, onde começou este sonho.

O nascimento de Portugal se deu vagarosamente ao longo do processo de reconquista, pelos visigodos, dos territórios em poder dos árabes que iam se transformando em pequenos reinos crescendo na medida das reconquistas territoriais.

Os reinos de Leão e Castela surgiram da divisão do reino das Astúrias entre os filhos de Afonso III, quando de sua morte.

Novas reconquistas territoriais deram origem aos reinos de Navarra e Aragão e da Galiza.

Quando Afonso VI foi entronado, D. Henrique, conde de Borgonha, que ajudou Afonso a realizar seus projetos, teve, agraciado por ele, o governo do território meridional até o Faro.

Seu filho, Afonso Henriques, veio a revoltar-se contra Leão e Galiza, conseguindo, em 1143, a independência de Portugal.

Como caminhava o território, caminhava o idioma falado pela população. O árabe foi expulso junto com seus falantes, deixando pouquíssimos traços no idioma.

A língua portuguesa, que tem como origem a modalidade falada do latim, desenvolveu-se na costa oeste (e norte) da Península Ibérica (atuais Portugal e região da Galiza ou Galícia). A partir de 218 a.C, com a invasão romana e até o século IX, a língua falada na região passou a ser o romance, uma variante do latim que constitui um estágio intermediário entre o latim vulgar e as línguas latinas modernas (português, castelhano e francês, entre outras).

No período de 409 a 711 d.C, povos de origem germânica instalaram-se na Península Ibérica. O efeito dessas migrações na língua falada pela população iniciou um processo de diferenciação regional que se concretiza muitos anos depois com o rompimento definitivo da uniformidade linguística na Península. Uma primeira linguagem, entre o românico e o português atual, desenvolveu-se nas províncias do norte: o galego-português:

"[Oi eu sempre, mha senhor, dizer
que peyor é de sofrer o gran ben]
que o gran mal e maravilho-m 'en
e non-o, púdi nen posso creer,
ca sofre'eu mal por vos, qual mal senhor
[me quer matar, e guarria melhor]
se mi vos ben quises[se]des fazer.
E se eu ben de vos podess' aver,
ficass' o mal que per vos ey a quen
aquesto diz. E o que assi ten
o mal en pouco, faça-o viver
deus con mal sempr'e e con coita d'amor!
e podesse veer qual é peyor
d'o mui gra ben ou d'o gram mal sofrer!"
(Cancioneiro da Ajuda – Gomes Charrinho)

À medida em que os cristãos avançam para o sul, os dialetos do norte interagem com os dialetos moçárabes do sul, dando início ao processo de diferenciação do português em relação ao galego-português. A separação definitiva entre o galego e o português se iniciaria com a independência de Portugal e se consolidaria com a expulsão dos últimos mouros em 1249 e com a posterior derrota, em 1385, dos castelhanos que tentavam anexar o país.

Em 1344, surgiu a prosa literária em português com a Crônica Geral de Espanha:

"...*Estas filhas todas tres casou el rei em huu dya cõ estes condes que ja dissemos e fezelhes tanta honrra que nom podya mais seer, ca em estas vodas foron feytos muytos trebelhos de justar e lançar a tavolludo e outras muytas cousas que perteencem a fazer aos cavalleiros. Outrossi forõ em aquellas vodas todas maneiras de jograes, assi de boca como de pena.*
E, feitas estas vodas muy ricamente e muyto honrradamente, como cõviinha a homeens de taaes estados como elles erã, el rei

dom Afomso departio logo aos condes seud jenrros todo aquello que lhes avya de dar, segundo o que lhes avya prometudo e̲m̲ seus casame̲n̲tos."
(Casamentos das filhas de Afonso VI)

e o Livro de Linhagens, ambos de Dom Pedro, conde de Barcelos:

"*Em nome de Deus, que he fonte e padre d'amor, e por que este amor nom sofre nehuuna cousa de mall, porem em servi-llo de coraçom he carreyra reall, e nehuun melhor serviço nom pode o homem fazer que amá-lo de todo seu sem e seu proximo como ssi meesmo, por que este preçepto que Deus deu a Moysés na Vedra Ley; porem eu, comde Dom Pedro, filho do muy nobre Rey Dom Denis, ouve de catar por gram trabalho por muitas terras escripturas que fallavam dos linhageens . E veemdo as escripturas com grande estudo e em como fallavam doutros gramdes fectos, compuge este livro por gaanhar o seu amor e por meter amor e amizade antre os nobres fidallgos da Espanha...*

Com o desenvolvimento do império português de ultramar, o idioma sofreu novas influências que viriam a ser reforçadas com o Renascimento dotando o português de novos italianismos e palavras eruditas de origem grega que o tornaram mais complexo e maleável.

O fim desse período de consolidação da língua foi marcado pela publicação do Cancioneiro Geral de Garcia de Resende, em 1516:

"Qual será o coração, tão cru e sem piedade
que lhe não cause paixão, uma tão grã crueldade
e morte tão sem razão?
Triste de mi, inocente, que, por ter muito fervente
lealdade, fé, amor, ao príncipe meu senhor,
me mataram cruamente!"
(Abertura às trovas à morte de D. Inês de Castro)

No século XVI, com o aparecimento das primeiras gramáticas que definem a morfologia e a sintaxe, a língua entra em sua fase moderna.

Em Os Lusíadas (1572), Camões nos apresentou a obra-prima que já era, tanto na estrutura da frase quanto na morfologia, muito próxima ao português atual:

As armas e os barões assinalados
Que da Ocidental praia Lusitana,
Por mares nunca dantes navegados
Passaram ainda além da Taprobana,
Em perigos e guerras esforçados
Mais do que prometia a força humana,
E entre gente remota edificaram
Novo Reino, que tanto sublimaram;

E também as memórias gloriosas
Daqueles Reis que foram dilatando
A Fé, o Império, e as terras viciosas
De África e de Ásia andaram devastando,
E aqueles que por obras valerosas
Se vão da lei da Morte libertando,
Cantando espalharei por toda parte,
Se a tanto me ajudar o engenho e arte.

E vós, Tágides minhas, pois criado
Tendes em mi um novo engenho ardente,
Se sempre em verso humilde celebrado
Foi de mi vosso rio alegremente,
Dai-me agora um som alto e sublimado,
Um estilo grandíloco e corrente,
Por que de vossas águas Febo ordene
Que não tenham enveja às de Hipocrene.
Dai-me hüa fúria grande e sonorosa,
E não de agreste avena ou frauta ruda,

Mas de tuba canora e belicosa,
Que o peito acende e a cor ao gesto muda;
Dai-me igual canto aos feitos da famosa
Gente vossa, que a Marte tanto ajuda;
Que se espalhe e se cante no Universo,
Se tão sublime preço cabe em verso.

E vós, ó bem nascida segurança
Da Lusitana antiga liberdade,
E não menos certíssima esperança
De aumento da pequena Cristandade,
Vós, ó novo temor da Maura lança,
Maravilha fatal da nossa idade,
Dada ao mundo por Deus, que todo o mande,
Pera do mundo a Deus dar parte grande.

O rei de Portugal era, agora, um senhor do Universo. Seu pavilhão tremulava nos quatro cantos do mundo e seu idioma era falado das Américas à África e à China, dando uma volta completa no planeta.

Adão olhava de frente para sua figura soberba e sentiu desejos de repetir Camões:

"Inclinai por um pouco a majestade
que nesse terno gesto vos contemplo".

Rememorou a longa viagem da língua portuguesa até que ela própria conquistasse um "*status*" digno das promessas do poeta:

"Cessem do sábio Grego e do Troiano
As navegações grandes que fizeram;
Cale-se de Alexandre e de Trajano
A fama das vitórias que tiveram;
Que eu canto o peito ilustre Lusitano,
A quem Neptuno e Marte obedeceram.

Cesse tudo o que a Musa antiga canta,
Que outro valor mais alto se alevanta."

Em meio às suas cismas, deslizou, vagarosamente, para as brumas do sonho no qual ouvia alto as estrofes do poema que só seria escrito quatro séculos depois:

"Última flor do Lácio, inculta e bela,
És, a um tempo, esplendor e sepultura:
Ouro nativo, que na ganga impura
A bruta mina entre os cascalhos vela...

Amo-te assim, desconhecida e obscura,
Tuba de alto clangor, lira singela,
Que tens o trom e o silvo da procela,
E o arrolo da saudade e da ternura!

Amo o teu viço agreste e o teu aroma
De virgens selvas e de oceano largo!
Amo-te, ó rude e doloroso idioma,

Em que da voz materna ouvi: "meu filho!",
E em que Camões chorou, no exílio amargo,
o gênio sem ventura e o amor sem brilho"!

Língua Portuguesa – Olavo Bilac (1865 – 1918)

O fogo

Novamente o frio era quase insuportável.

Adão e seu grupo haviam se aventurado demais para o norte.

Agora eles se moviam para fugir desse castigo, mas parecia que a direção não era aquela. A cada dia o ar esfriava mais e as noites eram terríveis, obrigando-os a dormir todos amontoados para trocar um pouco de calor entre seus corpos.

Adão via seus companheiros correndo ao redor da mata em chamas e percebeu que ele liderava a alcateia. Acordou assustado.

Eles não eram lobos, nem havia ali nenhuma mata.

Estivera sonhando, mas, agora acordado, ainda sentia o calor das chamas em seu corpo.

Era por isso que os lobos não estavam fugindo do fogo como sempre faziam!

Ficavam por perto para se aquecer!

Adão não conseguiu mais dormir.

Lembrava-se que, quando criança, vira um raio desabar sobre uma árvore que se partiu com um grito atroz e desabou em chamas incendiando toda a mata.

Seu bando fugira espavorido e aprendera a associar o fogo com morte e destruição.

Mas era quente. Sim, era quente.

Ele só precisava de um raio e de uma floresta. E já tinha uma ideia sobre onde consegui-los.

Levantou-se de um salto, acordando Samy que só conseguiu gemer.

Ele tocou seu rosto e viu que seus lábios estavam duros e gelados.

Agachou-se e esfregou o rosto de Samy com as mãos, assoprando sobre seus lábios.

Em poucos minutos, eles recobraram um pouco de calor.

Sob a pálida luz de uma fatia de lua, ele podia ver que muitos casais esfregavam as mãos nos rostos uns dos outros e se assopravam.

Ele correu para apanhar as peças do machado de pedra que estivera preparando durante o dia.

E começou a bater as pedras, uma contra a outra, tirando lascas finas.

Agora, à noite, ele podia ver as faíscas com muito maior clareza.

E ria alto, a cada batida mais forte que dava e a cada faísca mais viva que arrancava.

Aproximou as pedras de sua própria perna e viu que seus pelos queimavam na ponta.

Cheirou e lembrou-se do cheiro da mata queimada. Fogo!

Começou a gritar atraindo seus companheiros:

– "Agá... agá ... agá!"

Parecia que ele enlouquecera. O grupo ao seu redor emitia sons de desaprovação.

Adão agora estava de bruços sobre uma touceira de grama fina e seca, fazendo despencar sobre ela os raios que tirava das pedras, enquanto assoprava sem parar.

Uma pequena chama levantou-se, menor do que a ponta de seu dedo, mas suficiente para assustar todo o grupo que recuou emitindo os gritos típicos de perigo.

Adão jogou mais mato seco sobre a chama que cresceu para o tamanho de uma mão.

O círculo ao seu redor espalhou-se para uma distância maior e surgiram alguns gritos que significavam morte!

Adão saltou para trás, apanhando todos os gravetos que encontrava ao seu redor e lançando-os sobre as chamas.

– "Aagaá..."

Seu grito de triunfo era o mesmo que usara ao cravar sua lança no peito do grande urso cinzento derrubando-o.

Não havia ninguém em um raio de mais de dez metros e todos olhavam muito assustados.

Mas, alguns amigos já se aproximavam até uns cinco passos, percebendo o que acontecia, e atiravam gravetos sobre o fogo, voltando a recuar para uma distância segura.

Samy apareceu correndo com dificuldade com um grande galho seco, maior do que ela mesma, nas mãos e colocou-o diretamente sobre a pilha em chamas, abraçando-se a Adão que se mantinha a menos de dois passos da pira com o rosto iluminado, chamuscado, quente, vermelho e visível para todo o grupo como se fosse dia, com os olhos esbugalhados e os dentes muito brancos.

Todos se entreolharam e puderam, pela primeira vez, reconhecer-se à distância e em silêncio, em plena noite.

Aproximaram-se das chamas libertando-se do frio doloroso.

Luz e calor nasceram ao mesmo tempo!

– "Aaghaaa!"

O grito da tribo soou uníssono.

* * *

Adão nunca soube disso mas, nesse mesmo instante, em todas as partes do mundo, todos os grupos humanos estavam descobrindo o domínio do fogo.

O Vale dos Reis

O sol já caminhava para a morte na linha do horizonte, enquanto Adão acenava uma despedida para o Vale dos Reis, na margem esquerda do Nilo.

De volta para a cidade dos vivos, o veleiro onde estavam Adão e Samy rumava diretamente para as ruínas do templo de Luxor, uma das mais célebres edificações do antigo Egito.

Adão sempre se encantara com a cultura egípcia da antiguidade. E, agora, navegando pela divisa entre o nascente e o poente, pensava na singela e lógica decisão desse povo em sepultar os mortos no lado do poente.

O universo dos primeiros egípcios não passava das duas margens do Nilo. Hoje, parece um mundo pequeno, mas a seu tempo foi uma das civilizações que mais deixou marcas na cultura da humanidade.

O que você faria, vivendo em um deserto árido cortado ao centro por um grande rio? O que precisaria fazer para assegurar sua sobrevivência? Que aptidões precisaria desenvolver?

Então, ele viu Aristides cuidadosamente arrumando seu material sobre a carteira. Mas, não era seu material escolar que ele arrumava, nem sobre a carteira, nem na sala de aula. Aristides parecia pelo menos dez anos mais velho e distribuía tâmaras sobre uma espécie de bastidor feito com talos de folhas de palmeiras. Dezenas ao seu redor faziam a mesma coisa e deixavam os gradeados forrados de tâmaras suspensos sobre colunas de troncos. Eles estavam secando as tâmaras para conservá-las.

Aprendendo a poupar e a conservar os recursos da natureza.

Organização, conservação e mobilização de recursos precisavam ser e tinham sido os pontos fortes da cultura egípcia.

Seus ancestrais, emigrando do sul em direção ao norte, encontraram uma barreira de difícil transposição – o mar Mediterrâneo – perdendo-se de vista no horizonte.

Não dá para atravessar!

Mas, o rio que eles vinham seguindo, que garantia peixes para a alimentação de toda a tribo e em cujas margens, de tempos em tempos, encontravam-se algumas tamareiras com seus doces e efêmeros frutos, bifurcava-se em um largo delta, com muitas ramificações, depositando terra fértil trazida por suas águas desde muitos quilômetros ao sul sobre o manto de areias do deserto.

Na época das secas nas cabeceiras do Nilo, quando suas águas baixavam, abriam-se no delta do rio extensos campos de vegetação com o depósito das sementes trazidas também desde suas nascentes e nas fezes dos peixes.

Ali estava um sinal da natureza.

Um sítio no qual os nômades predadores poderiam se estabelecer se aprendessem a conservar os produtos da natureza e, quem sabe, com o tempo, cultivá-los.

E eles foram obrigados a aprender.

Não foi um aprendizado fácil, rápido ou gratuito.

A vegetação, nas margens do Nilo, crescia uma vez por ano. Em alguns pontos, duas. Mas, era consumida em pouco mais de um mês.

Se alguma coisa sobrava, se estragava e se perdia.

E novamente os peixes precisavam assumir uma responsabilidade superior à sua capacidade: alimentar uma tribo que, apesar dos altos índices de mortalidade, crescia sem cessar.

Premidos pelo desafio de vida ou morte, alguém aprendeu a salgar e a conservar. Conservando as sementes, eles puderam plantar e descobriram a agricultura!

Depois de muitas gerações, eles se transformaram em campeões de mobilização e conservação de recursos.

Legaram ao mundo as grandes pirâmides, os templos e os monumentos em pedra, construídos em um deserto onde não havia uma única pedra.

Precisaram se organizar para trazer as pedras de muito longe.

As civilizações egípcias de depois da Idade Média nunca conseguiram repetir tal façanha de mobilização de recursos. Para construir seus palácios e mesquitas, eles tiraram pedras das pirâmides e monumentos construídos pelos seus antepassados!

Os antigos egípcios legaram ao mundo também uma das primeiras escritas organizadas, uma arquitetura organizada e uma arte organizada. Adão podia pressentir o dedo do Aristides nessa empreitada.

Realizaram prodígios de engenharia que não conseguimos desvendar e legaram ao mundo, através dos corpos mumificados, processos de conservação que até hoje não foram totalmente decifrados.

Adão confirmou suas observações que, muito antes de conservar seus mortos, eles conservavam alimentos.

– Foi para isso e por isso que eles desenvolveram suas técnicas de mumificação! – Adão encantou-se com essa revelação.

E entendeu, mais claramente, as informações do professor Módena sobre a inteligência ancestral; sobre os primeiros tipos de inteligência que o homem desenvolveu como resposta aos desafios da sobrevivência e da perpetuação da espécie. Ali estava Aristides gritando palavras de ordem em um idioma que ele não compreendia. Milhares de operários ao seu redor arrastavam grandes blocos de pedra.

– Hei! Onde você está? Ele acordou com o cutucão da Samy – Nós estamos no Egito, não vai aproveitar para conhecer?

– Fique tranquila, Samy, tenho muitos amigos que viveram aqui.

Samira sempre ficava com a impressão que Adão via mais com os olhos fechados do que com os olhos abertos.

Os sons e as palavras

O "*show-boat*" deixou vagarosamente seu ancoradouro nas margens do lago de Lucerne para mais um passeio turístico com direito a almoço a bordo e espetáculos de canto e danças regionais.

Adão e Samira nunca tinham estado na Suíça e nem haviam pré-elaborado um roteiro de viagem que lhes permitisse tirar o melhor e máximo proveito dessa rápida passagem pelos Alpes, já com os filhos adolescentes a seu lado.

Chegaram de carro através do sul da Alemanha e foram se aventurando aonde a estrada os levava, em direção à trinacional Basiléia, rumo ao norte.

Seu destino final era Paris, depois de passar por Colônia, Amsterdam e Bruxelas, descrevendo um ponto de interrogação a partir da base, em Roma, subindo diretamente para Florença e virando à direita em direção à Veneza para chegar onde estavam, depois de atravessar o oeste da Áustria.

Preferiram subir pela lado francês, à esquerda do Reno, perdendo todas as magníficas paisagens e passeios da margem direita, simplesmente porque não se comunicavam bem no idioma Alemão.

Adão sentiu falta dos talentos do Aristides para organizar um roteiro de viagem mais racional e saber, previamente, que encontraria o Grão-Ducado de Luxemburgo em seu caminho, com recantos históricos que ele acabou por não conhecer.

Em compensação, nesse passeio, agora pelo lago de Lucerne, ele iria sentir, pela primeira vez, o verdadeiro significado da palavra comunicação.

A excursão estava muito divertida e animada sob um céu azul gelado e uma brisa fresca. O horizonte, 360 graus ao redor do lago, era formado por cumes nevados melhor desenhados e organizados do que os agressivos picos do lago Titicaca ou do planalto boliviano ao redor de La Paz.

Adão se divertia com a ideia de que os paisagistas dos Alpes tinham um estilo mais clássico, quando o barco fez uma curva fechada para a esquerda e meteu-se em uma faixa estreita do lago com paredões íngremes de rocha dos dois lados, parecendo ter sido instantaneamente transportado para o "*fjords*" noruegueses.

A música parou e os motores foram desligados.

Agora, dava para ouvir o silêncio.

Três componentes da orquestra de bordo abandonaram seus pequenos instrumentos de sopro e os trocaram pelos cornetões alpinos com mais de três metros de comprimento, cujas bocas, voltadas para cima, apoiavam-se no chão.

Dirigiram-se para o convés da embarcação atraindo todos os participantes da excursão atrás de si.

Fizeram um sinal pedindo silêncio e sopraram um sopro incrivelmente longo, cada um emitindo uma nota diferente, compondo um harmonioso acorde.

Três segundos de silêncio passaram muito devagar.

De todos os lados, do alto do paredão rochoso, dezenas de corneteiros responderam. No mesmo tom, na mesma duração e na mesma intensidade.

Nenhum dos passageiros pode deixar de sentir um calafrio na espinha.

Não parecia, realmente um eco, mas, muito mais, uma resposta dos corneteiros da montanha.

Olhando, você quase podia vê-los.

Durante milênios, os seres humanos primitivos e seus ancestrais se comunicaram primeiro por gestos e, logo, por sons.

Só muito mais tarde inventaram as palavras.

Adão compreendeu, instantaneamente, porque os sons falam mais alto do que as palavras e porque os gestos falam mais alto do que os sons.

Havia aprendido, através da neurolinguística, que na comunicação interpessoal, face a face, menos do que dez por cento da credibilidade derivam da interpretação da linguagem expressada através de palavras, frases, sentenças, períodos e orações, ficando mais de trinta e cinco por cento por conta da interpretação da paralinguagem expressada através de sons ligados à velocidade do discurso, ao timbre da voz, à entonação, à modulação, e mais de cinquenta por cento por conta da interpretação da linguagem corporal, gestual e não verbal.

Os neurolinguistas anotaram, mas não explicaram o porquê.

Adão entendeu que a comunicação gestual era muito, muito mais antiga e experimentada do que a comunicação sonora e esta ainda mais antiga do que a comunicação verbal através de palavras.

Na verdade, mais do que isso, o corpo e a voz fazem parte da personalidade exclusiva de cada pessoa enquanto as palavras fazem parte de um acervo público de onde podem ser retiradas e usadas por qualquer pessoa, para qualquer fim, inclusive para mentir.

Durante os primeiros milênios, a comunicação entre os animais dependia da interpretação de seus movimentos e comportamentos: ataque, defesa, fuga; e de suas atitudes e sensações que podiam ser transmitidas através de expressões corporais e faciais: medo, confiança, amor, frio, calor.

Ao longo de outros tantos milênios, os animais agregaram sons à sua comunicação e, só muito recentemente, um único mamífero superior, o homem, inventou palavras para expressar os sons e as figuras.

Para o homem moderno, a comunicação através de palavras parece estar ainda em uma fase experimental.

Por isso, a voz fala mais alto do que as palavras e o corpo fala mais alto do que a voz.

Adão rememorou o comentário anotado por José Saramago em uma passagem de seu romance "A Jangada de Pedra":

– *"As pessoas não conseguem esconder os seus segredos, ainda que com palavras os queiram guardar. Uma súbita estridência os denuncia, o súbito desaparecimento de uma vogal os revela..."*

E lembrou-se, também, de Camões que pediu, para cantar, nos Luzíadas, os grandes feitos das gentes portuguesas:

"*um som alto e sublimado, um estilo grandíloquo e corrente, uma fúria grande e sonorosa. E não de agreste avena ou frauta ruda, mas de tuba canora e belicosa, que o peito acende e a cor ao gesto muda*".

E a cor ao gesto muda!... Que percepção fantástica do poeta, pensou Adão.

Eu posso dizer azul e meu interlocutor entender vermelho, conforme meu gestual?

Os defensores do Alcazar

– *"Hijo, que passa?"*

– *"No se, papá... dicen que me van a matar"*.

A fita gravada reproduzia o diálogo mantido por telefone entre o Coronel José Moscardó, comandante da fortaleza em que se refugiavam os nacionalistas espanhóis do cerco promovido pelos republicanos durante a cruenta guerra civil espanhola.

Luis, o filho do comandante, com 17 anos de idade, havia sido capturado pelos republicanos que exigiam do pai a rendição imediata do El Alcazar.

Adão ouvia emocionado. O oficial republicano, chefe das milícias de Toledo, depois de certificar-se que, ao falar com seu filho, o comandante adquirira a certeza de que o menino estava em seu poder, entrou na linha para apresentar seu ultimato:

– "O senhor tem quinze minutos para entregar as armas e se render, junto com toda a guarnição da fortaleza"...

O dilema parecia insuperável para Adão.

De um lado, o dever de ofício. Defender sua posição até a última bala e até o último homem.

De outro lado, o amor de um pai para seu filho, sozinho e indefeso nas mãos dos "comunistas". Ameaçado de morte nos melhores anos de sua vida.

Quinze minutos para pensar e tomar uma decisão.

O primeiro impulso de Adão seria implorar por misericórdia; o segundo, propor sua troca pelo seu filho.

Mas, e se seus pedidos não fossem aceitos? Preciso pensar, pelo menos dialogar. Não podemos acabar com essa guerra entre irmãos?

A resposta imediata e emocionada do comandante na gravação interrompeu os pensamentos de Adão:

– *"Salva tus quince minutos. El Alcazar no se rendirá jamás. Hijo, si es cierto, encomienda tu alma a Dios, da un viva a Cristo Rey y a España y muere como um bravo. Adiós, hijo mío, un beso muy fuerte!"*

– Não! Parem!

Todos na sala olharam para Adão e ele se deu conta de que havia gritado seus pensamentos.

Mas ele sequer ficou encabulado, nem conseguiu sorrir.

Que coisa fantástica o poder de alguns homens para sublimar emoções pessoais quando o interesse coletivo está em jogo. Para colocar o dever antes de mais nada; para fazer o que tem de ser feito, para organizar, mobilizar e conservar recursos. Ancestralmente, apenas para sobreviver e assegurar a sobrevivência da espécie. Depois, para crescer.

Que homens são esses?

Parando para pensar, Adão viu que já sabia muito bem. Tinha cruzado com eles na Quinta dos Chãos e até convivia com vários deles na escola.

Aristides era um deles. Os agricultores de Portugal, outros.

"Tomai a terra e subjugai-a". Foi Deus quem deu essa missão para o homem ou ela apenas se tornou óbvia e foi atribuída a Deus?

De qualquer maneira, aí estava a inspiração para o desenvolvimento das aptidões organizacionais do ser humano.

A arca de Noé

Os primeiros barcos de junco começavam a aventurar-se no grande mar.

Era um pequeno grupo, destemido e curioso, embalado ainda pelo primeiro comando que Adão ouvira na floresta: "Levanta-te e anda".

Nos barcos levavam sementes, frutas secas, vários casais de animais já domesticados e esperanças de um futuro melhor em terras menos áridas.

Então, fora assim?

Um grupo humano, estabelecido nas margens do Nilo desde milhares de anos, havia atravessado o Mediterrâneo em direção à Grécia e terras da Europa, muito antes que hordas mais numerosas fizessem o mesmo caminho por terra, através de Israel e Turquia.

Saíram do Egito incentivados e liderados por Amon, o aventureiro.

Dessa expedição, um único barco, esse guiado por Noé, chegou ao seu destino sem perdas e sobressaltos.

Depois de mais de quarenta dias de atribulações, febres e fome alcançaram a costa sul da ilha que viria a ser conhecida como Creta.

Ali ficaram por várias gerações antes de começarem a espalhar se mais para o norte.

Estavam todos agora sob o comando de Noé cuja maior preocupação era manter a tribo viva, longe de aventuras e dedicada às atividades agrícolas e pastoris, desde que, além dos animais que levavam, encontraram e domesticaram cabras selvagens que agora viviam sob sua proteção em grandes rebanhos, fornecendo leite, carne e pele para a tribo que começava a se multiplicar.

Amon e Noé? Adão conhecia os dois. Júlio, o mais ousado entre todos os seus alunos e Aristides, o mais prudente da turma.

E viu que eles haviam combinado suas aptidões, a criatividade de um e a organização do outro, para localizar terras mais férteis e consolidar a produção e a conservação de alimentos.

Tinha muito sobre o que conversar com o professor Módena em seu regresso.

Mas, havia decidido não comentar que participara pessoalmente de todos esses eventos.

Módena, o lógico, o cético, não iria acreditar e provavelmente faria joça dele.

Encontro com Cristo

Vagarosamente, Adão e sua trupe subiam a Via Dolorosa repetindo os passos de Cristo há 2.000 anos, sem parar de mover a cabeça e os olhos em todas as direções, como à procura de sinais e informações que as milhares e milhares de pessoas que repetiram o mesmo caminho durante muitas centenas de anos não tivessem notado e descrito.

Não havia nada de novo a anotar, mas a emoção que Adão sentia ao pisar sobre as pegadas de Cristo era uma emoção totalmente nova.

Jesus Cristo, o marco mais importante da história do homem na terra; o divisor dos tempos e fixador das datas, mesmo para os povos não cristãos.

Que espécie de homem tinha sido?

Para poder ver Cristo como homem, Adão precisou desligar e isolar todas as informações que o descreviam como Deus ou como o filho e enviado de Deus.

Visto como um homem, de carne e osso, temporal, nascido de uma mulher, amamentado, crescido como um bebê, vivido como um menino; vulnerável, em condições de ser açoitado, crucificado e morto, ele se tornava um referencial muito mais tangível para qualquer um de nós.

Podia ser observado e copiado. Servir de exemplo.

Como chegou a nós, Jesus foi o exemplo mais perfeito de amor em seu estado mais puro. Viveu para apoiar.

Adão sentia falta, na história de Cristo, do amor que cimentava as relações entre o homem e a mulher para garantir a perpetuação da espécie, a existência da família e a estruturação da sociedade.

Por que Cristo com 33 anos de idade não havia se casado? Por que não tinha uma companheira? Uma família?

Adão aprendeu em sua peregrinação à terra santa que os homens naquela região, e principalmente nos tempos mais remotos, constituíam família muito cedo.

Aos dezesseis ou dezessete anos, os homens, e aos quatorze ou quinze, as mulheres, já eram pais e mães.

Jesus tinha uma proposta diferente para a família?

– O que você acha, Samy? – perguntou Adão como se Samy pudesse estar ouvindo seus pensamentos.

– Tudo muito bonito, – respondeu ela referindo-se ao ambiente que percorriam.

– O que é bonito?

– O que você está perguntando?

– Jesus tinha uma proposta diferente para a família?

– E como vou saber?

– O que você acha?

Agora Samy estava entrando no assunto:

– Eu acho que Jesus pregou relativamente pouco, durante pouco tempo, não mais do que três anos, em um território limitado que não era um centro de acontecimentos políticos ou religiosos. E convocou e reuniu poucos seguidores diretos, doze, parece.

– Parece pouco para você, Samy?

– Sidarta Gautama, que veio a ser o Buda, uns 500 anos antes de Cristo, pregou muito mais. Peregrinou por toda a Índia e territórios vizinhos, dos 35 aos 80 anos, transmitindo seus ensinamentos e conquistando uma grande legião de discípulos e ordenando centenas e centenas de monges em quase toda a Ásia. Maomé, mais de 500 anos depois de Cristo, não só pregou durante mais de 20 anos, como liderou seu povo, guerreou e conquistou territórios e adeptos.

E, mais do que Buda e Cristo, deixou seus ensinamentos por escrito, no Alcorão.

– Você está por dentro, hein, Samy?

– História, se não me engano, é o assunto que nós mais discutimos...mas o que sei vai até aí.

– Você não acompanhou a continuidade dessa história? – disse Adão. E retomando a palavra.

– O cristianismo, ao longo de mais de 350 anos depois da data proposta para a morte de Jesus era uma colcha de retalhos. Em Roma, que se tornou o epicentro de seu crescimento, não tinha nem Cristo, nem a cruz. Os cristãos, ali, se identificavam com Simão, um pescador vindo da Galileia, e seu símbolo, o peixe.

Sua primeira e fundamental costura se deu no Concílio de Nicéia, convocado pelo Imperador Constantino no ano 325 da era cristã que não era, na época, o ano 325 simplesmente porque o calendário que o fez ser esse ano ainda não estava em vigor.

– Nessa época, o Imperador tinha se convertido ao Cristianismo – comentou Samy de passagem.

– Verdade, verdade, ele nunca se converteu ao Cristianismo. Só se deixou batizar no leito de morte e, antes disso, como bom pagão, fez coisas tão anti-cristãs como mandar matar o próprio filho.

Ele tomou uma decisão política ao colocar Deus ao lado do Império Romano. E usou o Concílio de Nicéia para promover a divinização de Cristo.

– Promover, Adão?

– É. Constantino impôs que o dogma falasse da igualdade de essência divina do Filho com o Pai. O texto proposto por Constantino e aprovado pelo Concílio rezava: *"Filho de Deus, nascido do Pai, filho unigênito, ou seja gerado, não criado, da essência do Pai; Deus de Deus, luz de luz, Deus verdadeiro de Deus verdadeiro, consubstancial ao Pai, por quem foram feitas todas as coisas."* A expressão "consubstancial", criada por Constantino, foi aceita por unanimidade na sessão de 19 de junho de 325. O dogma da Igreja se publicou como lei do Império.

A partir daí, em toda a doutrina e em toda a história da vida de Cristo, já fica difícil dizer o que partiu efetivamente de Cristo e o que foi "encomendado" pelo "Pontífice Máximo" Constantino, precursor de todos os Papas.

– O que você está dizendo é que o maior impulsionador do cristianismo não foi Cristo, mas o Império Romano – emendou Samira.

– É – completou Adão.

Com muita frequência, detratores do cristianismo, agnósticos e defensores de outras religiões, afirmam que o cristianismo foi imposto ao mundo pela força das armas romanas. Mas, essa é a visão de apenas uma parte da História, desde que ela própria tem mostrado que nem tudo pode ser imposto pela força, ou "manus militari" como se costuma a dizer.

No entanto, se não tivesse um conteúdo relevante para os fiéis, o cristianismo entraria em decadência tão cedo quanto se aliviasse a ditadura romana.

– Para mim, a maior força do cristianismo é a divinização de um homem – reforçou Samy.

– Pois é. Como você disse, Sidarta Gautama e Maomé trabalharam e pregaram muito mais do que Cristo, mas nenhum deles ungiu-se ou foi ungido como Deus, como o criador de todas as coisas. Buda nunca foi mais do que um "iluminado" e Maomé não se propôs mais do que ser um profeta de Alá. O verdadeiro e único profeta de Alá, que seja.

Já Cristo teria sido gerado pelo próprio Deus, no ventre de uma mulher de carne e osso. Conduzido toda sua pregação como um enviado e filho de Deus (*"ninguém chega ao Pai, se não através de mim"*). E, mais tarde, mesclado com o próprio Deus na Santíssima Trindade, além de plenamente confundido com o próprio Criador em todas as manifestações da religião: "*Santa Maria, mãe de Deus...*"

– Você quer dizer que seria "mãe de Jesus"? –perguntou Samy.

– Sim, mas se perderia uma oportunidade de reafirmar a divindade de Cristo rezada milhões de vezes, por milhões de pessoas, em todo o mundo.

De qualquer maneira, estou usando Cristo, na minha visão do desenvolvimento das aptidões do ser humano, como um referencial para a capacidade e para o impulso de *apoiar* seus semelhantes.

– Bom – concluiu Samy. Isso independe de saber se a projeção do cristianismo se deve mais a Cristo ou ao Império Romano. Acho que dificilmente você encontraria um exemplo melhor, mesmo considerando quaisquer distorções históricas.

O último dos neandertais

Muitas gerações haviam passado desde a primeira vez em que a tribo de Adão cruzara com os homens do norte.

Eles se estranharam a princípio, mas aprenderam a conviver, lado a lado.

Isso, até o momento em que tentaram se misturar.

As mulheres não pegavam crias, nem as neandertais dos homo sapiens nem as homo sapiens dos neandertais.

Doenças sim, elas e eles pegavam. Tanto as mulheres quanto os homens. E eles acabaram por perceber que eram animais diferentes.

No inverno, quando os alimentos escassearam, eles entraram em uma disputa de morte que logo se transformou em uma guerra de extermínio.

Cada vez que grupos de homo sapiens e neandertais se encontravam, lutavam até a morte.

Ou os homo sapiens acabam com os neandertais ou os neandertais acabam com os homo sapiens, parece ter sido a certeza que se formou no seio de todas as tribos.

Os homo sapiens, lembrando-se de como haviam sido expulsos das florestas pelos insetos, decidiram fazer uma cruzada contra os neandertais.

Essa cruzada estendeu-se por várias gerações, até que o tribo de Adão encontrou o que eles tinham a certeza de ser o último grupo de neandertais.

Era uma turma pequena, mas decidida, ela própria, a extinguir seus adversários.

No início da noite, o último casal de neandertais sobrevivente da batalha embrenhou-se em uma mata cerrada de pinheiros no sopé de uma montanha íngreme.

A mulher estava gravemente ferida e havia sido carregada pelo seu homem. Apenas uma criança os vira fugir e indicou o caminho para os velhos da tribo.

O filho de Adão foi encarregado de caçá-los e partiu em seu encalço junto com os primeiros raios do sol.

Ele estava triste. Sempre acreditara que sua tribo poderia viver em paz com os neandertais. Mesmo sem se misturar. Que, em um futuro distante, o mundo abrigaria duas civilizações de animais inteligentes vivendo harmonicamente e, quem sabe, compartilhando ideias e descobertas.

Era um sonho bonito, mas o filho de Adão entendia que, uma vez lançados naquela guerra de extermínio, não havia caminho de volta. Agora, ele deveria abater o último casal e evitar que eles dessem início a uma nova geração.

Avistou seus inimigos ainda no meio da mata, quando o sol já ia alto no céu. A mulher estava caída no chão, imóvel e muito ensanguentada. O homem, ajoelhado ao seu lado, soluçava convulsivamente.

Ele também se ajoelhou onde estava e chorou, como se estivesse a ponto de cometer um crime do qual se falaria por toda a eternidade.

De repente, animou-se. Com a morte da mulher não havia mais como o macho pudesse se reproduzir. Ele não precisaria matá-lo. Podia deixá-lo livre ou apenas capturá-lo para que se conhecessem melhor.

Foi despertado de seu devaneio por um grito agudo.

Levantou a cabeça a tempo de ver o neandertal que se lançava sobre ele com um machado de pedra em punho.

Não havia mais tempo para raciocínios ou conjecturas. Desviou-se instintivamente e reagiu. Travaram uma luta desesperada, cada um pela sua vida. Rolaram pela encosta até cair em um riacho de onde se levantaram e se olharam frente a frente.

Todos os sonhos de convivência passaram outra vez, em uma fração de segundo, pela mente do filho de Adão.

Nesse momento, ele percebeu que o último dos neandertais, sozinho no mundo, queria mais morrer do que matar. Ele nem teve tempo de desviar sua lança quando o inimigo saltou sobre ele.

E Caim matou Abel.

* * *

Adão ficou assustado com essa imagem que lhe veio à mente sem que ele soubesse como ou porquê.

Será que as escrituras, ao registrar a morte de Abel pelo seu irmão, refeririam-se mesmo à extinção dos homens de neandertal pelos seus irmãos homo sapiens em uma passagem dramática da história da humanidade perpetuada pelas lendas?

Adão parecia saber mais do que isso, como se ele próprio tivesse participado daquele evento.

Modificando a natureza

Letícia e Bruno dormiam gostosamente no banco de trás do carro e ficaram muito irritados quando Adão os acordou sugerindo um novo passeio a pé.

– Que merda é essa? – perguntou Bruno, ao ver que estavam novamente em uma quadra de casas velhas parecida com muitos dos quarteirões de Roma, Florença e das outras cidades italianas que visitavam.

Adão não respondeu e continuou a liderar a caminhada dobrando à esquerda ao longo do muro alto, até chegar ao portão daquilo que parecia ser uma praça murada.

Letícia foi a primeira a gritar seu entusiasmo ao ver, no fundo da praça, à direita da parte de trás da grande catedral, aquela torre inclinada que já vira tantas vezes em fotos e aprendera em textos.

Bruno também se deixou contagiar, e todos caminharam em sua direção, em passos apressados como na marcha olímpica, quase correndo.

A Torre de Pisa. Fora de prumo, inclinada, mas ainda em pé. Um exemplo perfeito de equilíbrio.

Adão sabia que ela não havia sido construída assim e que dificilmente seus construtores haviam imaginado que ela viesse a pender algum dia, sem tombar de vez.

Entraram todos na fila para subir ao longo da estreita escadaria que acompanhava a superfície externa da torre como uma rosca sem fim. E, enquanto subiam, a rosca sem fim já remetia Adão de volta às suas incontroláveis elocubrações sobre o desenvolvimento das aptidões do ser humano.

Lembrou-se da emocionante passagem que havia vivido na fortaleza "El Alcazar" em Toledo, na Espanha, quando voltou suas atenções para a disciplina de Aristides e enveredou pela identificação das aptidões organizacionais do ser humano.

Logo que chegaram de volta ao hotel anotou:

"Utilizando apenas seus talentos corporais, o homem teria entrado em processo de extinção, vencido pelos animais mais fortes ou mais rápidos. Ele precisava evoluir, tornar-se mais forte, mais rápido... ou mais inteligente. Enveredou pela última alternativa.

A ciência afirma que, em seu processo evolutivo, o homem optou pelo córtex. Aprendeu a proteger-se, a organizar e a conservar recursos.

Abandonou, em grande parte, a vida nômade e iniciou a agricultura e a atividade pastoril que evoluiria para a pecuária".

Imaginando os primeiros tempos da formação da sociedade, Adão entendeu que as aptidões para proteger-se, organizar e conservar recursos haviam dado origem à todas as artes e ofícios que permitiram a produção de ferramentas e utensílios e a construção de caminhos, casas, templos, palácios e monumentos.

Anotou que essas obras começaram a marcar, indelevelmente, a presença do homem sobre a face da terra, modificando a natureza e acrescentando valor à obra do Criador.

Entendeu que o homem era a única criatura que se tornara, ela mesma, uma nova e ativa criadora.

No principio era o verbo

Simão gritava a plenos pulmões "sum", "sum", "sum", sem que aparentemente pudesse se fazer entender.

Depois, saltava sem sair do lugar enquanto repetia a estranha expressão.

De repente, sua face se iluminou. Deu um salto para trás, gritando "noctem", voltou ao ponto de partida e sentou-se no chão, de frente para o norte, exclamando vitorioso: – "Sum!".

Porfirio veio correndo e jogou-se sentado ao seu lado.

– "Sum"! Levantaram-se juntos, um se apoiando no outro e deram um passo para a frente, entreolhando-se, e cada um esperando que o outro sugerisse um nome para esse novo ponto sobre o qual pisavam.

– "Maneam" – gritou Simão.

Logo todos correram para imitá-los.

Tidei, com uma vara, veio riscar a cena no chão.

Com sua mão direita voltada para a aurora, colocou o sol à sua frente, com uma figura humana sentada embaixo. À direita, na direção do nascente, rabiscou uma figura caminhando na direção do sol e, à esquerda, a mesma figura se afastando dele.

Muitos vieram repetir a lição, gritando: – "Noctem, Sum, Maneam", enquanto apontavam as figuras do desenho, à direita, no centro e à esquerda. Alguns ainda permaneciam acabrunhados sem entender o que estava acontecendo.

Os conceitos de ontem, hoje e amanhã ajudaram os nômades a estabelecer muito mais do que a ideia de presente, passado e futuro. Eles começaram a introduzir os verbos e os movimentos e ações na linguagem de figuras estáticas através da qual eles já se comunicavam desde que começaram a dar nomes às figuras gravadas por Tidei e outros desenhistas e pintores nas paredes das cavernas.

Durante muitas gerações, "sum" significou "sol", "sentar" (sedere) e "ser". "Noctem" expressou "noite", "ad noctem" (ontem) e "notícia" (passada). "Maneam" serviu para "manhã" e "amanhã" ...

Adão entendia que a trajetória da linguagem e dos diferentes idiomas apresentava encruzilhadas complexas ainda não bem compreendidas pelos maiores especialistas.

Mas já tinha uma noção bastante clara de como as imagens sequenciais e todos os gestos e sinais utilizados na comunicação dos nômades derivaram, ao longo de séculos, para a linguagem cifrada moderna que permitiu a difusão acelerada da informação entre os homens, do aprendizado e da convivência e envolvimento social.

Os pensamentos de Adão voltaram-se para o antigo Egito e ele viu, claramente, Aristides esculpindo seus hieróglifos em uma grande placa de granito negro que seria assentada nas paredes de um templo.

Ao contemplar essa placa, Adão, atordoado, reconheceu na metade inferior dela a Pedra da Roseta que seria encontrada séculos depois tornando-se o documento mais crucial para o processo de decifração dos hieróglifos egípcios e para o conhecimento de toda a história daquela civilização fulgurante.

Antonio de Lisboa e Pádua

Parecia impossível que a língua, a faringe e os órgãos de fonação do Santo estivessem realmente mumificados por obra da natureza ou de um milagre, depois de mais de sete séculos.

No entanto, os fiéis desfilavam devotadamente diante daquela relíquia preservada pela Igreja Católica no interior, asséptico, de uma vitrina da Basílica de Santo Antonio de Pádua, com suas seis cúpulas, no norte da Itália.

Qual era o verdadeiro sentido da valorização dos discursos do pregador?

Adão voltava a pensar na importância da linguagem para a difusão da informação e da cultura em uma escala antes jamais pensada.

Na sua imaginação, os grandes eventos da história da humanidade, a descoberta do fogo, o advento da linguagem, a invenção da roda, funcionaram como aceleradores da evolução e do progresso para novos ritmos de velocidade.

Ele antevia que, enquanto cada vez menos as aptidões corporais permaneciam essenciais aos processos de sobrevivência da espécie, as aptidões cerebrais do homem estariam entrando em uma escala cada vez mais acelerada de desenvolvimento, em direção à capacidades quase divinas.

Será que os Santos e os grandes pregadores, filósofos e mestres já tinham aprendido a acessar essas capacidades, enquanto elas permaneciam latentes para a maior parte da humanidade?

Ensinar, ensinar, ensinar.

"Señor, tu que enseñaste,
perdona que yo enseñe
que lleve el nombre de maestro,
que tu llevaste por la tierra"

Lembrava-se da poetisa chilena Gabriela Mistral, prêmio Nobel de Literatura de 1945, em sua "Oração do Professor" que ele havia declamado em voz alta em sua formatura.

Seus pensamentos voltaram-se, instantaneamente, para sua escola.

Sentado na sala dos professores, ele ruminava as ideias que havia elaborado no bojo de seus estudos sobre os seis polos de aptidões cerebrais do ser humano e sobre como os conhecimentos e o aprendizado fluem através desses polos.

Abriu seu caderno pautado de capa preta e anotou, sob o título "Como os alunos aprendem":

1. As coisas mais elementares e vitais que o homem aprendeu ao longo de toda sua evolução estão armazenadas no polo Corporal/Visceral (S). Por mais que ele se desenvolva como ente racional e pensante, ele continuará a aprender através de suas aptidões viscerais.

E não se esquecerá das coisas que aprendeu através desse polo.

O aprendizado através do polo visceral é eminentemente tátil. Baseado em experiência individual marcante vivida na prática: o fogo queima, a água molha, o cachorro morde. É um conhecimento referendado pela certeza.

Todas as disciplinas cuja prática exige atividade física são parcialmente ou pesadamente aprendidas através do polo visceral, na exata proporção do componente físico envolvido.

O exemplo mais típico é a atividade esportiva de qualquer teor. Todos os esportes, desde os mais instintivos como a corrida a pé ou o salto, incluem fundamentos teóricos aprendidos através dos polos intelectuais sem os quais o simples treinamento corporal será incapaz de produzir os melhores resultados.

Em contrapartida, sabemos que é impossível formar um campeão apenas através do aprendizado intelectual.

Dirigir um automóvel, tocar piano ou outro instrumento musical também são exemplos ricos da importância e do valor do aprendizado corporal.

Um datilógrafo ou um digitador experiente saberá, de olhos fechados, quando tocou a tecla errada, mesmo que vizinha da procurada. Seus dedos já sabem onde estão as diferentes teclas. Aprender fazendo reforça o domínio de qualquer disciplina.

2. O aprendizado através do polo preventivo/organizacional (SO) é fundamentalmente visual, baseado na observação das coisas e das experiências vividas ou relatadas por outros. O SO aprenderá melhor vendo do que ouvindo. Por isso, é o leitor por excelência, capturando e conservando informações obtidas através de textos e imagens sequenciais, quadros, gráficos e tabelas.

O SO é autodidata no sentido de ter uma superior capacidade de aprender sem interação com um mestre. Na verdade, o mestre só será bem aceito pelo SO se transmitir informações sequencialmente, de forma organizada e ordenada, limpa (com voz pausada e clara) e, de preferência, amparada por textos escritos, figuras e gestos explicativos.

Gestos bruscos ou desconectados da informação transmitida, modulação vocal dramatizada, aproximação ou contato físico inibirão a apreensão de informações pelo SO.

Da mesma forma, o reforço auditivo através de gravações só será útil se forem observadas as restrições a respeito da "limpeza" do texto e da modulação da voz. A música de fundo pode ajudar, sempre que o ritmo seja sequencial e organizado. Melodias que inspirem ou favoreçam "viagens" e divagações inibirão o processo de aprendizado pelo do SO.

3. O aprendizado através do polo emotivo/relacional (SE)é essencialmente sensitivo, baseado na confiança e na empatia do aluno em relaçao ao professor ou à matéria.

Não existe aprendizado eficaz no polo SE sem a figura do professor, do companheiro de estudos ou de imagens e histórias que toquem o coração e os sentimentos do aprendiz. Por isso, ele precisa do apoio da paralinguagem (sons) e aprenderá confortavelmente através de gravações sonoras nas quais a velocidade, rítmo, modulação e entonação da voz (música da linguagem) sejam bem explorados.

A música romântica funciona como um vigoroso coadjuvante no processo de aprendizado do SE, assim como as atividades interativas com o grupo.

O aprendiz sinestésico (na linguagem da neurolinguística) aprende muito melhor perto do mestre (grupo organizado em círculo) e sente desconforto na sala de aula tradicional, particularmente se for colocado nas últimas fileiras, longe do professor. Nessa situação, ele tratará de interagir com seus colegas durante as aulas, sendo frequentemente tomado por indisciplinado.

Por sorte, muitos professores tendem a chamar os "indisciplinados" para as primeiras carteiras. Por azar, esses mesmos professores tratarão de inibir suas interações e provocarão seu isolamento dos colegas e do professor.

O isolamento pode chegar a neutralizar a capacidade de aprendizado do sinestésico, que sempre preferirá o cinema à televisão (a não ser que assistida em grupos). Sua aptidão autodidática pode ser explorada no cinema ou com visitas a exposições, museus e feiras.

Sua aptidão para estudar textos técnicos em livros é muito baixa, embora ele seja um excelente leitor de poesias e romances.

4. O aprendizado através do polo analítico/fatual (NO) é fundamentalmente arquitetural, construído geometricamente em cima da apreciação e análise de fatos e dados colocados mais visualmente do que auditivamente.

As figuras ou imagens precisam retratar a realidade.

Metáforas ou ilustrações de conceitos apresentam baixa credibilidade para o NO.

Da mesma forma, informações carregadas de emoção são desconfortáveis e pouco confiáveis para sua ótica.

Demonstrações, provas e experiências práticas (realizadas pessoalmente ou assistidas) são essenciais para seu processo de aprendizado porque o raciocínio do NO é crítico por excelência, propenso a duvidar daquilo que não constatou.

Apelos à sua imaginação não funcionam. Não porque ele não saiba imaginar, mas porque não confia nesse critério. Ele só especula através de experiências práticas e nunca espacialmente. Isso significa que as hipóteses que ele formula movimentam-se uma a uma ou em grupos (testar as hipóteses antes de gerar outras).

Muitos grandes inventores foram representantes destacados de dominância no polo NO. Mas eles não eram realmente inventores, mas sim descobridores. Os inventores ou criadores são representantes do polo NE.

O professor próximo ou interagente introduz ruídos no processo de aprendizado do NO. Ele pode estudar em grupos e tira excelentes resultados disso, sempre que o relacionamento entre os membros do grupo seja particularmente frio, formal e objetivo, sem divagações sociais.

A música, como coadjuvante, é menos significativa e será contraproducente se romântica, agitada ou fantasiosa.

5. O aprendizado através do polo intuitivo/conceitual (NE) é eminentemente holístico e especulativo. A informação é capturada através da linguagem escrita ou falada e, particularmente, através de imagens metafóricas, figuras ou ilustrações representativas de ideias ou conceitos, mais do que de coisas em si.

O NE não está interessado nos detalhes, mas sim no quadro global. Ele tem necessidade de processar as informações que recebe "passeando" sua imaginação ao redor delas.

Por isso, a presença de um instrutor sequencial, discorrendo sem interrupções sobre qualquer assunto, introduzirá ruído em seu processo de aprendizagem.

Quando ele apanha uma ideia, lendo ou ouvindo, tenderá, imediatamente, a iniciar uma jornada ao redor dela para o estabelecimento de inter-relações globais.

Sempre que um trecho lido contenha informação digna de processamento, ele interromperá a leitura, fechará os olhos e ficará pensando a respeito durante alguns instantes ou durante muito tempo, antes de retomar a leitura.

Nessas condições, a instrução ao vivo tenderá a ser deficitária para o NE.

Ao ouvir uma informação que deseja processar, ele será interrompido ou atrapalhado pela continuidade da preleção.

Embora seja um aprendiz essencialmente auditivo (fecha os olhos para entender e aprende em maior profundidade o que ouve), as apresentações ao vivo chegam a ser irritantes para ele.

A não ser que conte com um instrutor totalmente sintonizado com seu processo de aprendizado, o NE aprenderá melhor e muito mais rapidamente sozinho, tornando-se um autodidata por excelência.

A música, principalmente aquela capaz de induzir "viagens" da imaginação, multiplica sua capacidade de aprendizado.

6. O aprendizado através do polo espiritual (N) é, muito mais do que especulativo, apriorístico, instintivo e intuitivo. Ele independe da transmissão ou da recepção de novas informações sob qualquer dos sentidos conhecidos: visão, audição, tato, olfato ou paladar.

Ele depende, sobretudo, de uma possível capacidade de acessar informações estocadas nos níveis subcons-cientes e inconscientes de nossa mente...

Adão constatou que sabia muito pouco ou quase nada sobre esse sentido e ficou paralisado nesse ponto de suas anotações. Mas foi "salvo pelo gongo" porque alguém bateu à sua porta gritando: – Professor, a turma já está esperando na sala de aula! Perdeu a hora?

Mas, ele não estava na sala dos professores. Estava ainda em Pádua.

* * *

Lendo suas próprias anotações, Adão chegou rapidamente à conclusão que, se desejasse ajudar seus alunos a mudar, teria de, ele próprio, começar a mudar.

Variando ainda mais seus recursos de comunicação e sua maneira de ensinar. E não se irritando com os "cientistas" que ele costumava identificar como "aquele grupinho que sempre exigia provas e demonstrações de tudo"...

Decidiu montar um plano de aulas totalmente novo.

Tão logo voltasse de suas férias.

Linha Maginot

Adão ria olhando para a foto que exibia uma maltratada casamata de concreto.

– Qual é a graça? – perguntou Samy.

A fotografia fora tirada pela própria Samy, em Colmar, na região sudeste da França, fronteira com a Alemanha, perto da Suiça.

A fortificação era parte da inexpugnável linha de defesa construída pelos franceses, depois da Primeira Guerra Mundial, para defender-se contra possíveis ataques futuros de seus contidos vizinhos, em uma região que eles reclamavam como sua.

Efetivamente, ao anotar os nomes das cidades alsacianas: Strasbourg, Hagenau, Brumath, Molsheim, Selestat, Guebwiller, é possivel remontar à divisão política da Europa antes de 1914, e reconhecer as origens germânicas da Alsácia-Lorena.

Adão explicou a Samy que toda a fronteira leste da França limitava-se com a Alemanha, deixando-a aberta e exposta a desejos revanchistas. Isso levou os militares franceses a planejar e propor a construção da linha Maginot, uma fortificação com mais de 300 quilômetros de extensão, pontilhada por casamatas com canhões, ninhos de metralhadoras e trincheiras ultra-sofisticadas, capazes de deter qualquer possível avanço de infantaria ou tropas motorizadas alemãs.

– Isso é engraçado? – repetiu a esposa.

– Hilário, Samy, é que a visualização da perspectiva de um ataque alemão concretizou-se no inverno de 1940, mas o projeto francês revelou-se um verdadeiro fiasco. Essas fortificações jamais foram usadas porque as divisões "panzer" do Terceiro Reich simplesmente atravessaram a Bélgica, ao norte da linha Maginot, marchando diretamente para Paris, em um passeio que durou apenas seis dias.

A estrada era um pouco pior do que aquela que percorremos na viagem passada porque depois da fronteira da França, mesmo sem a linha Maginot, haviam destacamentos franceses tentando barrar os Alemães.

Samy não achou graça. Achou muito interessante e curioso.

Adão se impressionava em ver como esse incidente reforçava seus estranhos sonhos.

Qual foi a primeira vez em que o homem planejou?

Durante toda sua evolução, ao longo de milênios, o homem dependeu, exclusivamente, das dádivas da natureza. Em um primeiro momento, não fazia mais do que coletar e consumir o que lhe era entregue em mãos, como os frutos, folhas e sementes. Para passar de vegetariano a carnívoro, precisou correr atrás dos pequenos e, logo, desenvolver armas que lhe permitissem alcançar e atacar animais maiores e mais rápidos.

Ficou claro para Adão que o primeiro projeto do homem teria sido o cutelo, uma mistura de martelo com uma face de corte. Um instrumento cuja produção exigia pensar, antes de fazer.

E essa foi a primeira vez que o homem planejou: colocado diante de um problema que implicava diretamente em sua sobrevivência, precisou pensar, imaginar e elaborar a resposta, antes de produzi-la.

Adão riu consigo mesmo ao imaginar que o homem pré-histórico tinha sido mais bem sucedido do que os engenheiros da linha Maginot.

A descoberta da paixão

Vagarosamente, Adão caminhava pela Galeria da Academia de Belas Artes de Florença, desatento a tudo que se passava a seu redor e encantado pela visão de algumas das obras inacabadas de Michelangelo: homens de torso nu, em tamanho um pouco maior do que o natural, pareciam tentar libertar-se de sólidos blocos de granito cinza com mais de dois metros de altura, nos quais a maior parte de seus corpos permanecia imersa.

Eram quase dez esculturas. Algumas semiprontas, com cabeças, braços e partes das pernas já cinzeladas e com apenas as partes posteriores de seus corpos ainda incrustadas na rocha.

Adão já ouvira falar que Michelangelo, questionado sobre como conseguia modelar figuras tão perfeitas e quase vivas, respondera:

– Elas já estavam lá. Eu apenas retirei o excesso de pedra.

Como ele tinha razão. Todas as figuras pareciam capturadas em um instantâneo de movimento. Estavam tensas e quase se podia ouvir a voz de Michelangelo repetindo a proposta feita à estátua de Moisés: – "Parla!" (fala).

Não parecia impossível a Adão que as estátuas esculpidas por Michelangelo pudessem falar...

Inadvertidamente, mas como que atraído por um sussurro, Adão moveu a cabeça lentamente para a esquerda.

E foi como se tivesse levado um poderoso soco no peito. As veias de seu pescoço se inflamaram a ponto de sufocá-lo e seus olhos encheram-se de lágrimas.

No fundo do corredor, sob uma grande abóbada de cristal, lá estava ela, imensa, com mais de três metros de altura, profusamente iluminada e imaculadamente branca, fiel ao mármore em que fora esculpida, a mais famosa obra de Michelangelo: David – o futuro rei dos hebreus – retratado no momento em que, ainda menino, armado com sua funda em repouso no lado direito do corpo, preparava-se para, alguns segundos depois, em um rápido movimento, arremessar a pedra que mataria o gigante Golias.

Durante longos minutos, Adão ficou simplesmente prostrado diante dessa imagem.

Há menos de dois dias, ele, Samy e as crianças haviam se extasiado na contemplação do afresco "A Criação de Adão" no teto da Capela Sistina em Roma.

Lá, sem a magia das três dimensões criada pela escultura, Adão conhecera o pintor Michelangelo, tão apaixonado como o escultor, produzindo, através das cores, todo o volume que os anjos, Deus e Adão precisavam.

De onde vem a paixão pela arte? E a emoção diante do belo e de amostras do gênio humano?

Adão sabia que a emoção era um impulso instintivo e mecânico, comandado pelas porções mais antigas do sistema nervoso central. Sabia, também que o refinamento da genialidade humana, tanto nas artes como nas ciências, era o resultado da interferência do sistema cerebral superior, neocortical e espiritual, sobre a atividade dos sistemas límbicos e corticais.

Alí, prostrado diante da amostra do gênio de Michelangelo, foi sacudido pela revelação de que a paixão era o resultado de um entrelaçamento raro entre os instintos e a espiritualidade.

Adão cresceu mais quando descobriu a paixão. Toda a humanidade cresceu mais quando descobriu a paixão.

O palácio de 700 quartos

– "Aqui eles deviam precisar de pelo menos umas dez empregadas" – comentou com convicção a "nova rica" que caminhava perto de Adão, em sua visita ao palácio de Versailles a sudoeste de Paris.

Adão sentiu-se um pouco envergonhado consigo mesmo. Que ideia besta fora essa de "rotular" a gorda e reluzente senhora que ele jamais vira antes?

Por que "nova rica"?

Adão não era rico, nem novo, nem velho, e estava ali em Versailles.

A mulher também não parecia rica, embora estivesse vestida muito mais apropriadamente para uma festa de casamento brega do que para um passeio turístico.

Só porque ela falava um pouco alto demais com a amiga ao lado sobre seu apartamento de cobertura e outras posses?

Que vergonha! Ouvindo a conversa dos outros para formar juízos maliciosos?

Adão jurou para si próprio que não o fizera de propósito.

Qualquer rica de longa linhagem saberia que o palácio de Luiz XIV sempre teve uma criadagem de mais de quarenta pessoas! Ou seriam quatrocentas?

Adão lembrava-se de ter lido alguma coisa a respeito, sabendo que o palácio tinha mais de duas mil janelas distribuídas entre setecentos quartos. Mas, agora, não conseguia lembrar-se de quantos funcionários trabalhavam lá.

Só lhe restava conjecturar. Nem ele nem a gorda tinham dados reais a respeito.

Conjecturar... aí estava a palavra que Adão vinha procurando para identificar a primeira aptidão que colocaria no polo NE.

Anotou no rodapé dessa página em seu caderno preto:

"Construído pelo rei Luís XIV, o "Rei Sol", a partir de 1664, foi por mais de um século modelo de residência real na Europa, e por muitas vezes foi copiado.

Não existem informações históricas sobre o número de serviçais ali empregados durante o reinado de Luiz XIV, embora se saiba que mais de 2.000 pessoas (hóspedes) chegaram a residir lá".

Adão fechou os olhos e se viu caminhando pelos extensos corredores do palácio, em direção a um dos refeitórios dos funcionários. Queria transformar suas conjecturas em análise de fatos e dados e, por isso, foi procurar o Douglas, mordomo-chefe encarregado da contratação e comando de todos os empregados do palácio. Esse Douglas, com mais de 50 anos de idade era, mesmo, inconfundivelmente, o aluno que ele havia colocado no canto superior esquerdo da sala de aula. O 100% racional. O homem dos fatos e dados.

– Douglas, quantos funcionários temos aqui? – perguntou, sem ressalvas.

– Quatrocentos e oitenta, hoje. Seremos quatrocentos e noventa e seis com dezesseis novos que começarão amanhã.

– Quatrocentas e oitenta? – pensou Adão. Um funcionário para cada quatro moradores?

As conjecturas da nova rica para dez ou as de Adão para quarenta estavam muito longe da realidade.

Mas o número quatrocentos, que Adão tinha lido em algum lugar, estava certo.

Por mais criativos ou imaginativos que possamos ser, só podemos nos contentar com as propostas de nossa imaginação quando não tenhamos nenhum dado concreto que possam confirmá-las ou desmenti-las.

Por isso e para isso, devemos usar sempre as aptidões de nossos dois hemisférios cerebrais.

Adão não se esqueceria do aprendizado que havia tirado de sua visita a Versailles.

Nas fraldas do Vesúvio

As primeiras impressões de Adão, enquanto guiava aquela incrível Lancia branca em direção ao cume do Vesúvio no início da primavera, eram de que toda a enorme montanha havia sido levantada como um monte de areia na praia por uma criança descomunal.

Estavam certas suas impressões como ele veio a saber depois. O enorme Vesúvio não era um morro formado pelos movimentos tectônicos do subsolo como a maioria das montanhas e cordilheiras da Terra, mas apenas o cone central dentro da gigantesca cratera do monte Somma cujas bordas se viam ao redor, enquanto seu carro avançava rodando em espiral em direção ao topo.

Quase perfeitamente circular e com todas as suas encostas harmônicas, o Vesúvio contava realmente para o observador atento a história de seu crescimento através do depósito sucessivo de cinzas, lavas e pedras lançadas pelo Somma.

Os depósitos mais recentes não permitiam que a estrada seguisse até o cume do vulcão e Adão estacionou no centro de convivência construído para os turistas a pouco menos de um quilômetro do topo.

De lá, Adão, Samira e Bruno seguiram a pé até a cratera.

Letícia, a pretexto do frio intenso, ficou no posto de recepção de turistas.

Das bordas da cratera, todos olharam para o fundo do imenso caldeirão cônico com mais de duas centenas de metros de profundidade e outros tantos de largura rodeado em seu interior por escarpas de pedra e aluviões de solo aparentemente arenoso com alguma vegetação escassa aqui e ali.

Apenas uma tênue fumacinha, escapando em algumas das trincas rochosas, denunciava um canal de comunicação com o seio da terra informando que a criatura ainda estava viva e podia acordar de novo, irritada, a qualquer momento.

No mais, e observando sua atual placidez, ninguém diria que, há mais de mil e novecentos anos, essa cratera havia vomitado milhares de toneladas de lava, pedras e cinza, capazes de sepultar, como sepultadas mantiveram ao longo de mais de 1.600 anos, as cidades romanas de Pompéia e Herculano.

Naquele momento, o único sopro vinha do Mediterrâneo, a oeste, e era um vento, a cada rajada mais frio.

Adão, Samira e Bruno fizeram o caminho de volta para a parada dos turistas correndo em linha reta escarpa abaixo, por fora da trilha de acesso. O vento gelado castigava com intensidade suas faces obrigando-os a bater continuamente com as mãos abertas nos dois lados do rosto que pareciam querer congelar.

Logo que chegaram ao entreposto, o primeiro comentário de Samira para Letícia que esperava no quentinho foi: – Nunca passamos tanto frio!

Adão viu, em um flash, as chamas altas em sua frente e Samira atirando o galho maior que ela na fogueira.

– "Aaghaaa!"

* * *

Desceram a montanha na direção sul e rumaram diretamente para Pompéia.

Vagando pelas ruínas da cidade, nada parecia novo para Adão. Descrevia todos os locais, ruas, templos e casas com tal desembaraço que tanto Samy quanto Letícia e Bruno, que o conheciam como o professor de história que adorava ensinar, ficaram espantados em saber que ele conhecia capítulos avulsos de um pedaço tão pequeno – embora marcante – da História, com tantos detalhes.

Adão ficou mais surpreso do que eles. Mas, não disse nada. Iria ser difícil para eles acreditar que ele só estava emprestando sua voz para um morador famoso da cidade, morto em 24 de agosto do ano 79 a.C.

Os arquitetos do mundo novo

O centro cerimonial do Toltecas estava em completo alvoroço.

Dois mil e setecentos trabalhadores revezavam-se sem parar no transporte de baús de terra carregados por duplas e despejados uns após os outros, na aparentemente impossível tarefa de soterrar a grande pirâmide, antes da chegada dos Aztecas.

Os engenheiros Toltecas haviam, como sempre, desenvolvido um projeto genial para a empreitada.

Utilizando uma massa formada por pó de pedras, água e resina de cactus, eles assentavam ponteiras de rochas com quarenta centímetros de altura, espaçadamente ao longo dos degraus das pirâmides.

Uma segunda leva de operários cobria a estrutura com terra, de forma que as ponteiras de pedra retinham todo o solo colocado e impediam seu deslizamento.

Um terceiro grupo de trabalhadores plantava touceiras de mato em toda a extensão desse aterro providenciando uma contenção natural contra a erosão que pudesse ser provocada pelas chuvas.

Não que chovesse muito naquela região semidesértica, mas deixando claro que os Toltecas eram realmente rigorosos em seus cálculos de probabilidades.

A Pirâmide da Lua foi a primeira a ficar totalmente soterrada. Era, então, um simples morrete coberto de vegetação e pedras miúdas. Ninguém poderia imaginar que ali embaixo jazia um monumento arquitetônico digno da genialidade de um povo que, durante décadas (séculos talvez) observando o nascer e o pôr do sol, determinara, exatamente, o ponto central entre as grandes águas do norte e as grandes águas do sul.

De fato, como se veio saber muitas centenas de anos depois, o centro cerimonial de Tenochtitlán está milimetricamente localizado, em solo mexicano, à mesma distância do oceano Atlântico (Golfo do México) e Pacífico.

As arestas das grandes Pirâmides do Sol e da Lua, que jamais foram encontradas pelos Aztecas, apontam exatamente para o norte, sul, leste e oeste.

Os prodígios geométricos realizados pelos Toltecas e outras civilizações pré-colombianas na América, mais de 4.000 anos antes de Cristo, sem qualquer instrumento de cálculo ou medição, deviam-se, especificamente, à força de suas aptidões matemáticas.

Adão tinha conhecimento que as civilizações clássicas da antiguidade não conheciam o conceito de zero – a absoluta ausência de valor – proposto pelos Maias, e logo sem o qual a matemática não teria evoluído até o ponto em que chegou.

Sabia que, até o século dezesseis, tanto os algarismos romanos como todos os outros existentes começavam com o número um.

Como e porque os Maias, à frente de todas as civilizações do planeta, chegaram a esse conceito, ele desconhecia, mas anotou, em sua elipse de aptidões, a presença da Especulação, no lado direito do cérebro, como ponto de partida para o desenvolvimento das capacidades de Quantificar, Criticar e Avaliar, no lado esquerdo.

No dia seguinte, na cidade do México, ele teria novas percepções sobre a capacidade da Especulação, de dar impulso à aquisição de conhecimento científico. De transformar o argumento aprioristico em ilação.

A medicina dos Aztecas

A catedral de Nossa Senhora de Guadalupe está afundando para o lado direito, como para lembrar que os arquitetos europeus que a construíram não tinham a mesma habilidade para calcular fundações demonstrada pelos Toltecas que construíram as Pirâmides do Sol e da Lua, pelos Maias em Chichen Itzá ou pelos Incas que, em Cuzco, no Perú, emprestaram sua engenharia para os Espanhóis que levantaram suas construções em cima dos alicerces plantados pelos ameríndios.

Todos os edifícios erguidos pelos Aztecas e seus antecessores na antiga Tenochtitlán foram destruídos pelos invasores Espanhóis, mas suas fundações perduram até hoje.

Os turistas, circulando pela atual cidade do México, foram exaustivamente informados a respeito dos prodígios arquitetônicos das civilizações pré-colombianas na América. Ainda assim, estavam mais propensos a se espantar com seus prodígios nas áreas da medicina e da cirurgia.

Pelo menos era isso que sugeriam as exclamações de espanto e admiração dos milhares de visitantes que circulavam diante das vitrinas dos achados arqueológicos, no museu de Antropologia, ao examinar os crânios com marcas visíveis de trepanações e suturas incrivelmente perfeitas.

– Veja! Já naquele tempo eles faziam cirurgias no cérebro!

Tranquilamente os Aztecas passariam por esculápios melhores do que arquitetos e engenheiros, não fossem os comentários do guia turístico nativo e "espírito de porco":

- Morian todos.

Adão não tinha certeza sobre quem estava especulando mais. Se os cientistas atuais que determinaram a "causa mortis" dos indígenas fossilizados há mais de dois ou três mil anos ou se os próprios "cirurgiões" Aztecas atrevendo-se a abrir e fechar, em seus centros cirúrgicos e U.T.I.'s pré-históricas, os crânios dos pobres loucos que caiam em suas mãos.

O que ele tinha certeza é que, sem a capacidade de Especular, o homem não teria percorrido todos os caminhos que percorreu em seu processo de evolução.

Nessa noite, ele foi até o centro cirúrgico dos Aztecas em um terreno próximo àquele museu.

Viu-se vestido como um cirurgião dos melhores hospitais modernos, com avental, máscara e touca de algodão 400 fios, impecavelmente brancos, rodeado por uma equipe de auxiliares vestindo apenas tangas quadriculares multicoloridas e pintados ritualmente do tronco às faces.

Cada um deles parecia pronto a assumir seu papel na equipe, mas quem tinha o bisturi nas mãos e luvas cirúrgicas de latex era o próprio Adão.

Deitado na mesa moderna à sua frente estava o paciente com o corpo todo coberto, deixando à mostra apenas o campo operatório no alto da cabeça já totalmente raspada.

Adão deu um pequeno talho com o bisturi na cabeça do paciente, mas viu, horrorizado, como todos ao seu redor, que o talho se abriu de fora a fora, jorrando muito sangue e dando saída a uma serpente enorme como uma naja. O grito alucinante de Adão acordou Samira de susto, enquanto ele próprio caia da cama.

O ponto mais alto da Inteligência

A procura neurótica pela neve no inverno europeu em que ela decidira dar um "bolo" nos residentes e turistas levou Adão e sua trupe até o alto do Monte Branco.

Agora, sim. Neve para matar a sede de quantos fossem os visitantes.

Adão, Samy, Letícia e Bruno se esparramaram. Deitando e rolando pelo chão e depois iniciando uma guerra de bolas de neve entre eles.

Todos descobriram, pela via corporal, que não eram bolas de espuma, como pareciam.

Quando você comprime aqueles macios flocos brancos para formar uma bola, você a transforma em um pedaço de gelo. Não totalmente compactado, é certo, mas sólido o suficiente para machucar se acerta acima da gola ou abaixo do gorro. E todos foram atingidos por aí antes de parar com a brincadeira.

Outra percepção de Adão, Samy e crianças que caiu por terra – seria melhor dizer "caiu por neve" – nesse momento e lugar, foi a ideia de que, no cume nevado, a sensação de frio seria extrema.

Agora, diante do fato, podiam constatar, usando seu raciocínio crítico, que ali, no meio do gelo, fazia menos frio do que em qualquer outro ponto do caminho até então.

Com os olhos fechados, Adão pensou no professor Módena e o viu claramente, diante de seus olhos, dizendo em sua costumeira toada de mestre: Abaixo de zero graus, a umidade do ar congela e a sensação térmica no frio seco é sempre menor do que sob a umidade.

Ao lembrar-se do professor Módena e de seu raciocínio crítico dominante, recordou sua passagem pelo Museu de Antropologia da Cidade do México, quando contemplara o resultado das especulações dos "cirurgiões" Aztecas e o valor das aptidões especulativas do homem para a evolução e para o progresso.

Agora, voltava novamente sua atenção para o lado esquerdo do cérebro e para as capacidades que já registrara no polo NO (Analítico/fatual – Racional) da elipse representativa das aptidões cerebrais, colocando, adiante da anotação "Quantifica", a expressão "Critica".

E começava já a imaginar o que proporia a seguir para a posição mais alta desse polo, em direção ao N, no topo da inteligência.

Alguma coisa lhe dizia que, depois de Analisar, Quantificar e Criticar, só faltaria Avaliar antes de, efetivamente, Entender.

Por outro lado, ele queria descobrir que novas aptidões deveria registrar dentro do polo NE, onde já havia anotado as expressões Conjectura e Especula, designando as aptidões Intuitivo/Conceituais que precediam o processo de pesquisa e levantamento de fatos e dados na construção do conhecimento.

Não imaginava, nesse momento, que as anotações que Samira fizera durante sua passagem pelo México e Venezuela lhe trariam essas respostas.

Simón Bolivar

Em "O general em seu labirinto", obra-prima do genial Gabriel García Márquez, um breve trecho denuncia o espírito aventureiro do Libertador das Américas:

"À hora da sesta metiam-se na cama, sem fechar a porta, sem se despir e sem dormir, e mais de uma vez incidiram no erro de tentar um último amor, pois ele se negava a admitir que já não tinha corpo suficiente para comprazer a alma".

Simon Bolívar imaginou poder unir toda a América espanhola, da Venezuela ao Chile, em uma única e grande nação.

Nessa empreitada, expulsar os Espanhóis provou não ser o desafio mais complicado.

A essa altura, a maior parte dos soldados componentes da armada espanhola já havia nascido na América. Os comandantes espanhóis nativos, longe de casa há meses e anos, não acalentavam outro sonho que não voltar para suas famílias.

Poder-se-ia apostar que muitos deles torciam pela vitória dos rebeldes de Bolívar.

Essas ideias percorriam a cabeça de Samy enquanto ela visitava a Casa de Simón Bolivar em Caracas.

Ela estava rigorosamente a par das conjecturas que Adão desenvolvia a respeito das aptidões dos seres humanos e pensou que Bolívar bem poderia ser um marco para a imaginação, para o sonho; para a capacidade de projetar suas visões para além da reali dade percebida.

Ao ler as mensagens murais expostas na casa de Bolívar, Samy não conseguia imaginar alguém que tivesse sonhado tão alto contra as realidades ambientais da época.

Montou, para Adão, um roteiro cronológico da "vida e obra" de Bolívar. De seu nascimento em 1783 até sua morte em 1830, aos quarenta e sete anos de idade, velho como um homem de setenta.

Bolívar havia perdido seu pai aos três anos de idade, e sua mãe aos nove. Viveu com seus tios até os quatorze quando sentou praça nas milícias como cadete.

Aos dezessete anos, viajou para a Espanha e França apaixonando-se por Paris e por Napoleão Bonaparte, de quem assistiria, em 1804, a coroação como Imperador de França e domínios.

Antes disso, em 1802, com dezenove anos de idade, casou-se em Madrid com Maria Teresa Rodriguez del Toro que faleceu em Caracas menos de um ano depois.

Simon José Antonio de la Santíssima Trinidad Bolívar y Palácios, esse era seu nome, que Samy caprichosamente anotou para Adão, nunca mais se casou.

Lutou mais de 30 batalhas, percorreu, em lombo de cavalo e mulas, entre a Venezuela e o Chile, mais de duas vezes a volta ao mundo. Promoveu a independência da Venezuela, da Colômbia, do Equador, do Peru e da Bolívia. Foi eleito, proclamado ou aclamado, Presidente ou Ditador desses países, em diferentes épocas. Renunciou a todos os seus mandatos para iniciar ou dar seguimento a novas batalhas, formou um impressionante séquito de seguidores para beijar suas mãos nos momentos de glória ou cuspir nelas ao longo das agruras que atravessou.

Adão acolheu, com entusiasmo e emoção, a sugestão de Samira para interpretar o perfil do sonhador.

Cravou Bolívar próximo ao ápice das aptidões do polo NE com a expressão "imagina".

Mais do que qualquer outra pessoa que Adão conhecera, ou sobre a qual lera ou ouvira falar, o Libertador parecia uma criatura alimentada exclusivamente por seus sonhos. A ponto de, inclusive e particularmente, soterrar cada novo sonho realizado por outro em gestação.

Essa seria a sinalização mais característica do sonhador, mantendo a persistência total de esforços na realização do sonho até o exato momento que ele se concretizava para, a partir daí, perder totalmente a graça.

Bolívar era continuamente frustrado por suas realizações. E a maneira que encontrava para retomar seus sonhos era a renúncia.

Abdicava, seguidamente, de todas as posições de mando para as quais se ungia, ou era ungido; ou eleito.

Até o ponto em que as pessoas não acreditavam mais nesses seus repentes.

Seus adversários e desafetos viam em todas as renúncias a preparação de um novo golpe.

E fracassaram em todas suas tentativas de eliminá-lo até que ele próprio, doente e desgastado, montou as condições para seu assassinato.

Adão lembrou-se do poema assinado por D. Pedro II, sobre suas próprias emoções, que acreditava bem espelhar os sentimentos de Bolívar:

"A dor cruel que o ânimo devora,
que ataca o coração e pronto o mata,
é ver na mão cuspir, à extrema hora,
a mesma boca aduladora e ingrata,
que tantos beijos nela pôs outrora!'

Niagara Falls

Duzentos milhões de litros de água por segundo! Ou seriam bilhões? Ou minutos?

Ao mesmo tempo em que Adão ficava feliz por não ser professor de Matemática, pensava no puxão de orelhas que levaria de seu pai por esse "pequeno" desvio de cálculo.

Para sua cabeça, o mais importante era admitir que nunca vira tanta água junta.

Ele vira quase todos os mares e oceanos, mas esses eram apenas "tapetes" de água. Agora ele via a água em movimento, como que jorrando de uma formidável torneira!

Milhões ou bilhões de litros, por minuto ou por segundo, ele não conseguia atinar como alguém havia avaliado isso.

Certamente não fora enchendo uma panela de água.

Medir sempre parecera para Adão uma tarefa elementar. Não de seu gosto, mas elementar de qualquer modo.

Avaliar já lhe parecia uma coisa totalmente mística.

Alpha de Centauro está a oito anos-luz da Terra. É a estrela mais próxima depois do Sol.

Seu diâmetro é maior do que a órbita de Plutão, o que significa que essa Alpha é maior do que todo o sistema solar.

– Quem mediu esse troço? – perguntaria Felipe.

– Pergunte ao professor Módena – responderia Adão, para não se comprometer. Não dá para saber, não dá para conferir e não entendo como alguém pode calcular isso.

Ele nunca diria isso para seus alunos, mas já imaginava que, se dissesse, o Tide ia dizer:

– Fácil, fácil... já que ninguém pode conferir, é só chutar!

Adão sabia que não era chute. Por isso se admirava com essa faceta do gênio humano.

Avaliar, etimologicamente, se referia a calcular o valor monetário, mas o verbo sempre foi usado também para propor outras medidas de quantidade ou qualidade.

Tratando de nominar mais uma fatia das aptidões do quadrante superior esquerdo da mente humana, Adão anotou a expressão "Avalia" na penúltima fatia do polo NO de sua elipse de aptidões, logo em seguida ao título "Critica" que havia lhe ocorrido na passagem pelo monte Bianco, em Courmair, no lado francês da fronteira com o norte da Itália.

Voltou novamente suas atenções para as aptidões de nível Intuitivo/Conceitual no polo NE do cérebro onde a última anotação tinha sido a expressão Imagina, sugerida pelo sonho do General Simon Bolivar.

O que viria agora? Qual seria a próxima aptidão desse polo a encaixar-se na lógica sequencial que ele vinha anotando, passo a passo?

A saga de Felipe II

A viagem de carro entre Madri e El Escorial foi um passeio. Mas, não era assim no tempo de Felipe II, o construtor e mais célebre habitante daquele palácio medieval.

Tempos depois, Adão conversava sobre isso com Toquinho no aeroporto de Fiumicino em Roma, no corredor de embarque para o voo da Alitália. Adão voltando de um encontro de professores e Toquinho de um *show* na capital italiana.

A conversa havia começado com uma frase do compositor:

– Impressionante como tomamos o café da manhã em Roma e jantaremos em São Paulo. No tempo em que os locais dominavam o mundo, essa viagem levaria anos...

Bastou esse pretexto para que Adão jogasse em cima de seu ilustre interlocutor as coisas que havia anotado sobre as viagens de Felipe II, o homem mais poderoso do mundo em sua época:

– Ele sofria de gota que lhe dava um pé direito do tamanho de uma bola de basquete e que doía horrorosamente.

Felipe II não podia mais cavalgar nem andar de carruagem porque cada solavanco da carruagem produzia a sensação de uma machadada sobre seu pé. Ia de palanquim, uma espécie de trono suportado por duas travessas nas costas de quatro carregadores como as imagens dos santos nas procissões.

Os quatro carregadores, muito hábeis e exaustivamente bem treinados, funcionavam como as suspensões, independentes nas quatro rodas, dos carros modernos.

Ainda assim, não era raro que um ligeiro tranco, provocado por uma pisada de um deles em um acidente do terreno, provocasse um grito fenomenal do passageiro, acompanhado pela troca do carregador e, não raramente, de castigo para o amortecedor defeituoso.

Essa viagem, extremamente vagarosa, tomava até quatro dias para percorrer menos de cem quilômetros.

Antes de chegar a esse momento de sua vida, Felipe II havia percorrido todo seu Império, "o Império onde o sol nunca se põe", como ficou conhecido na história.

Em nenhuma dessas viagens, o homem mais poderoso do mundo podia contar com dez por cento do conforto ao alcance de qualquer um de nós no século 21.

A rigor, nem para dormir. Adão descreveu para Toquinho o quarto de dormir de Felipe II no Escorial que parecia mais uma pequena cela de prisão porque, mais do que um Imperador, ele se via como um soldado.

A conversa terminou por aí porque cada um foi para seu lugar no avião. Mas Adão, sentado em sua poltrona, continuava a pensar em Felipe II, mais particularmente no "Império onde o sol nunca se põe".

"Todos os caminhos levam a Roma", dizia-se nos tempos de Constantino.

Os romanos haviam construído, já nessa época, maravilhosas estradas pavimentadas ao redor de Roma. Muito mais simples e estreitas do que as autoestradas de hoje, mas, certamente, prodigiosas na resistência de pisos que duram até hoje.

Mas Adão sabia que a expressão "Todos os caminhos levam a Roma" não se devia à existência dessas estradas, mas ao fato de que, na época, Roma dominava praticamente todo o mundo conhecido, de forma que, não importava para que lado você fosse ou que caminho tomasse, você estaria indo para Roma.

"O Império onde o sol nunca se põe" seguia o mesmo raciocínio.

E, nos primeiros anos escolares, não haviam ensinado isso para Adão. Ele havia inferido.

Inferir – pensava, – extrair alguma coisa que não sabemos a partir de coisas que sabemos; deduzir, a partir de uma hipótese que imaginamos, uma resposta segura para um problema que se nos apresente.

Essa era uma das aptidões do hemisfério racional do cérebro humano que Adão considerava essencial para o aprendizado efetivo e para a compreensão das coisas e da história, em maior profundidade.

O que mais as aptidões do hemisfério superior direito do cérebro do homem, sua imaginação e criatividade, podem fazer?

Adão havia anotado no lado superior direito (NE) de seu modelo das aptidões cerebrais, as expressões: Conjectura, Especula, Imagina e Infere.

O que viria a seguir?

O Grand Canyon

O rio Colorado trabalhou muito, durante milhares e milhares de anos, para esculpir nos planaltos, desde o que seria hoje o estado do Oregon, nos Estados Unidos, até o Novo México, a impressionante garganta com mais de mil quilômetros e paredões de até mil metros de altura – mais altos do que qualquer edificação construída pelo homem.

E ganhou seu nome fazendo isso.

Suas águas coloridas de barro vermelho continuam a correr e a cavar.

Adão e Samira, a bordo do helicóptero azul, da Hely USA, percorriam essas gargantas majestosas, depois de levantar voo do aeroporto de Las Vegas e sobrevoar a impressionante barragem Hoover Dam, na fronteira com o Arizona, e o transparente Lake Mead.

Para Samira, uma maneira excitante e glamorosa de comemorar seu aniversário. Para Adão, mais uma oportunidade de pensar nas aptidões do homem e na incorporação das capacidades de entender concretamente a natureza através da experimentação.

A dificuldade que Adão admitira para o processo de Avaliar, tornava-se, agora, uma facilidade para o processo de entender a formidável obra do Colorado.

Ele mesmo já havia cavado memoráveis "canyons" na areia das praias e no quintal de sua casa, quando menino.

Era muito fácil.

Despejando continuamente um copo de água sobre a terra macia ou sobre a areia, ele assistia o movimento da água em direção a qualquer declive cavando uma mini garganta exatamente igual ao Grand Canyon.

Que maravilha ver e entender. Pena que nem tudo seja assim. Pena que a maior parte das coisas não seja assim.

Da idade da pedra lascada para a pedra polida e para as idades do cobre, do bronze e do ferro, a evolução da humanidade foi sendo marcada pela capacidade do homem de agregar valor à obra de Deus. De criar e produzir coisas que não existiam na natureza. De combinar as criações de Deus em novos materiais e novos produtos.

Usando sua faculdade de entender, Adão anotou que a natureza sempre se especializou na produção de matérias-primas deixando por conta do homem todos os processos de sua transformação, através das artes e das ciências.

Começando com a carpintaria para trabalhar as madeiras, com a escultura para trabalhar as rochas e com a metalurgia para transformar os metais, criando os utensílios, as armas, as ferramentas e as máquinas.

Com a arquitetura e a engenharia, ele edificou as moradias, os palácios, as fortalezas, os templos, as cidades e os caminhos.

Com a química, ele desenvolveu as tintas para imortalizar os cenários da natureza, as pessoas e os eventos através da pintura.

Criou produtos e processos para produção e conservação de alimentos e para o tratamento da saúde.

Competindo com a natureza, ele só não conseguiu criar novos seres vivos.

– Por enquanto – pensava Adão com seus botões.

Route 66

No volante de sua Blazer S10, a caminho do rancho da família, o único contato de Adão com a natureza era o vento frio no rosto e nos cabelos.

Adão sempre viajava com os vidros abertos porque esse contato com a natureza era a forma que ele encontrava de não pensar em nada. De deixar sua mente totalmente livre e aberta.

Um pequeno ponto preto no céu, muito longe e muito alto, chamou sua atenção e, de repente, foi envolvido por uma visão inusitada: ele estava em um grande campo gramado com declive para os dois lados, olhando para o céu azul povoado por dezenas de balões multicoloridos tripulados por jovens casais.

Era, certamente, uma demonstração ou festa de balonismo que Adão, na realidade, só tinha visto uma vez ou outra na televisão.

Essa fantasia intrigou Adão. Por que, agora, esse pensamento que nunca antes, em seus mais de 40 anos de vida, passara sequer de leve por sua mente?

Seria o pontinho preto no céu?

Parecia claro que sim. Mas, por que pensar em balões coloridos?

Àquela altura e distância, aquele ponto deveria ser, provavelmente, um avião.

E mesmo que ele pensasse tratar-se de um balão, não havia motivo para o surgimento de uma visão tão intensa e com imagens tão vivas e reais.

Balões... que pensamento curioso.

O ronco monótono do motor do carro rapidamente devolveu os pensamentos de Adão para o nada.

E ele continuou a curtir sua sensação de isolamento. Só ele e o vento.

Mais de cinquenta quilômetros e trinta minutos depois, ao completar uma curva à esquerda, Adão estremeceu.

Bem na sua frente, a menos de trezentos metros de distância e uns cem metros de altura, flutuando em absoluto silêncio sobre um campo gramado, lá estava ele: um enorme balão com gomos vermelhos e azuis, com sua cesta de vime e, o que parecia claramente àquela distância, um jovem casal de tripulantes.

Adão já ouvira muitos relatos sobre premonição e nunca os levara a sério.

Mas, agora parecia estar acontecendo com ele.

Ou haveria uma explicação racional?

Telepatia! Comunicação à distância de mente para mente!

Adão nunca havia colocado a telepatia como um fenômeno sobrenatural. Ele acreditava que o cérebro do ser humano sempre tivera a capacidade potencial de transmitir informações sem o uso de gestos, sons ou palavras. E sentia que essa capacidade estava em evolução; que, em um futuro não muito distante, a comunicação direta, de mente para a mente, tornar-se-ia um processo trivial dominado por todos, tanto os mais quanto os menos sensitivos.

E, nesse momento, percebeu que, na verdade, ele havia recebido os pensamentos do balonista em tempo real.

Não através de uma premonição do futuro vendo uma coisa que só iria acontecer depois, mas pela captura de uma informação presente – aqui estou eu, a bordo deste balão – que estava na mente do balonista na hora em que Adão tinha visto o pontinho preto no céu.

Talvez fosse essa a verdadeira essência da "adivinhação". A captura – através da telepatia – de uma informação que já estava na mente de outra pessoa.

Gritou em voz alta: – Módena! Descobri o segredo da psicografia! E respirou fundo.

Seu celular tocou. – Alô – atendeu.

– Adão? Onde você está?

– Módena? Por que você ligou?

– Nada, me deu vontade.

– Mas, logo agora?

– Desculpe, não pode atender?

– Não, não, não. Nada disso, só porque fiquei surpreso.

– Sei. Eu nunca ligo, não é?

– Não! Porque eu tinha acabado de chamar.

– Não recebi sua ligação.

– Eu sei. Eu não liguei. Apenas gritei seu nome.

– Qual é a charada agora, Adão?

– Descobri o segredo da psicografia!

– Foi?

– Anote que, em minha próxima conversa com você, vou falar sobre isso.

– Psicografia?

– E muito mais. Chama-se QuaD.

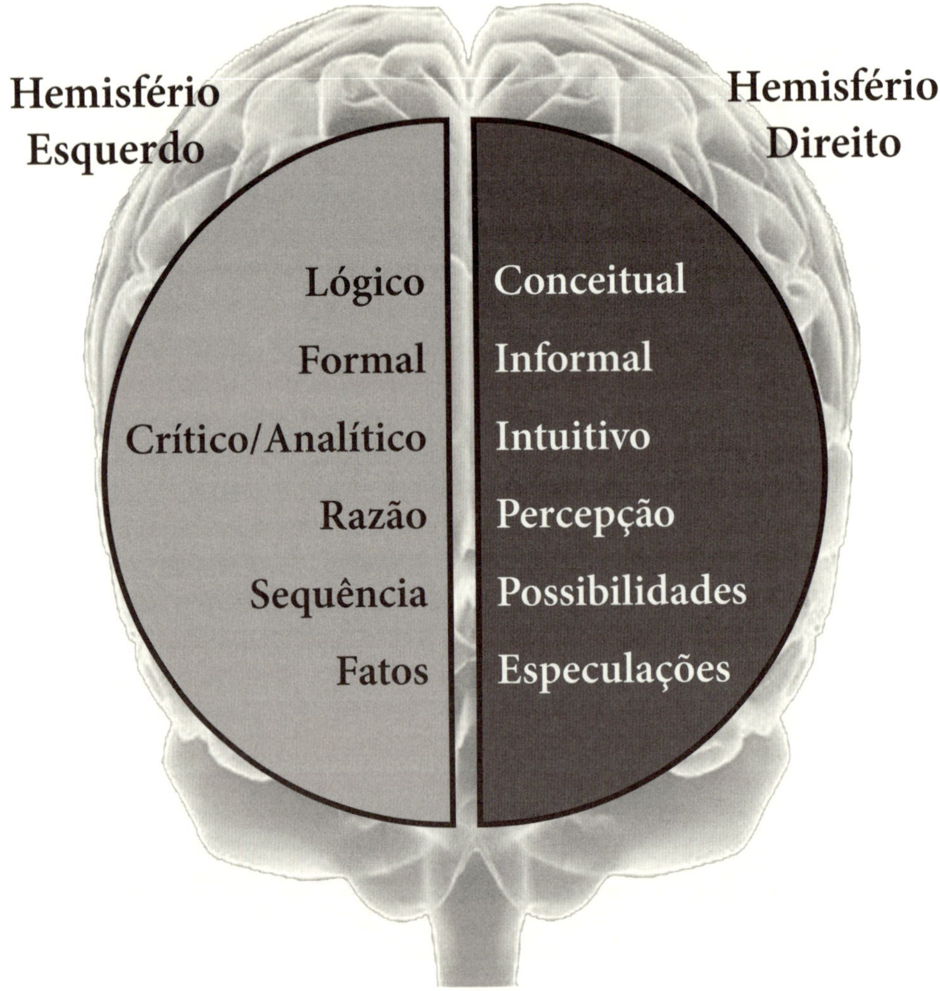
Hemisfério
Esquerdo
Hemisfério
Direito
Lógico
Formal
Crítico/Analítico
Razão
Sequência
Fatos
Conceitual
Informal
Intuitivo
Percepção
Possibilidades
Especulações

Teseu e o Minotauro

Do alto do rochedo, debruçando-se sobre o Mediterrâneo, em frente ao templo de Poseidon, Egon, pai de Teseu, esperava, semana após semana, com a vista lançada no horizonte, vislumbrar a bandeira branca do barco que traria seu filho, vitorioso, da temerária batalha contra o monstro que, uns após outros, devorava todos os que se atreviam a invadir seus domínios – o Labirinto – na longínqua ilha de Creta.

A bandeira branca era o código combinado com seu filho para anunciar, à distância, que ele regressava são e salvo depois de encontrar e matar o terrível Minotauro.

Teseu havia, sem dúvida, cumprido seu desígnio. De uma forma tão espetacular que as comemorações e as homenagens de seus companheiros estendiam-se durante a viagem de regresso à Pátria.

Embriagado pelo vinho persistente, Teseu ainda não se lembrara de desfraldar o sinal de sua vitória.

E Egon, avistando o barco à distância, procurava aflitamente e em vão o sinal combinado.

Apertou os olhos e olhou de novo. E esperou que o barco se aproximasse mais e olhou outra vez.

Por um instante, fingiu ver. Fechou os olhos e estreitou seu filho querido em um caloroso abraço.

E abriu os olhos para a realidade. Lá estava o barco avançando celeremente tocado por um vento animado e cada vez mais visível. Mas, nenhum sinal da bandeira branca.

A pressão no peito de Egon aumentava mais e mais e a cada segundo, transformando-se logo em incontrolável desespero.

– ... Ele morreu. Meu filho morreu. Também ele, com toda sua juventude e vigor, não pôde destruir o possesso.

Nesse instante, Egon se convencia. O Minotauro era o próprio demônio. Um devorador de homens diante do qual nenhum herói, Grego ou Troiano, teria qualquer chance.

Seu filho tinha navegado ao encontro da morte certa. Com sua permissão, orgulhosa e pretensiosa.

Cerrando os olhos, Egon viu Teseu sendo devorado pela feroz criatura com corpo humano e cabeça de touro.

Sentiu-se culpado. Voltou a abrir os olhos em uma derradeira tentativa de ver o sinal de vitória de Teseu. Em vão.

Deixou escapar um grito desesperado e lançou-se do alto do penhasco sobre as ondas que rebentavam lá embaixo no Mediterrâneo.

Adão rememorava a lenda do mar Egeu como se acompanhasse, com seus próprios olhos, a longa espera e o sofrimento do homem que a história marcou rebatizando com seu nome aquele trecho do Mediterrâneo que guardava seus despojos.

Adão estava no sul da Grécia, dentro das ruínas do templo de Poseidon, em companhia de dezenas de turistas de todo o mundo.

O amor, a emoção, as artes, as guerras e o heroísmo estavam bem representados naquele país onde floresceram as civilizações de Esparta e Atenas.

Esparta e Atenas, a arte da guerra e a arte da paz.

As duas cidades e suas culturas foram visualizadas por Adão como uma representação das aptidões distintas dos hemisférios cerebrais esquerdo, crítico e analítico, e direito, intuitivo e conceitual, como descritas na teoria da "dualidade cerebral" que ele havia estudado e registrado em seu modelo de multipolaridade cerebral, separando as ciências das artes.

Agora, sentia falta de uma imagem para a "nova dualidade" proposta no conceito de Inteligência Emocional que dividia também em dois grandes grupos a inteligência humana, agora não mais representada pelos hemisférios esquerdo e direito, mas pelos hemisférios inferior e superior.

Anotara, em seu modelo, que o hemisfério cerebral superior correspondia às porções mais recentes do sistema nervoso central abrigando as capacidades intelectuais cobertas pelo conceito clássico de Inteligência (Quociente Intelectual = QI) e que o hemisfério cerebral inferior abrigava as capacidades operacionais cobertas pelo conceito de Inteligência Emocional (Quociente Emocional = QE).

Pensava encontrar essa imagem na própria Grécia, enveredando pelas tradições de sua filosofia, mas seu tempo de Grécia já chegava ao fim, visto que nessa mesma noite voaria para Roma.

Waldorf Astoria Rome Cavalieri

Quarenta e cinco euros por um "piatito" de macarrão pareceram a Adão realmente fora da conta, por mais delicioso que estivesse aquele "bucatini a la matriciana".

É claro que o valor da conta estava muito mais vinculado ao local onde a pasta era servida do que ao custo intrínseco da refeição. O Cavalieri de Roma não é o melhor hotel do mundo e nunca se referiram a ele como tal.

Mas, para quem cobria o mundo a pretexto de pensar e descobrir, estar hospedado ali parecia mesmo um luxo raro.

Adão se permitiu esse "luxo" porque sentia-se muito feliz com o mapeamento que fizera da evolução da inteligência e das aptidões do ser humano.

Conseguira entender, quase que concretamente, como foi que criaturas dotadas de capacidades para não mais do que manter sua vida e propor a vida de seus descendentes haviam evoluído para o homo sapiens, ao longo de uma linha movendo-se em zigue-zague desde a medula até o neocórtex.

Acompanhara a sequência ação, reação, fuga, convívio e agrupamento, proteção, organização, disciplina, controle, planejamento, contato, comunicação, apoio, ensino e envolvimento.

Completara, assim, as aptidões do sistema cerebral inferior que compreende todos os componentes da Inteligência Emocional, antes de romper as barreiras do neocórtex que abrigaria as capacidades efetivamente intelectuais e espirituais do homem; as que mais o distinguem de qualquer outra criatura no universo conhecido.

Para esses componentes, ele já havia catalogado, pelo hemisfério esquerdo do cérebro, as capacidades de analisar, quantificar, criticar, avaliar e entender e, pelo hemisfério direito, as capacidades de conjecturar, especular, imaginar, inferir e, até, adivinhar.

Havia criado referências de memória para cada uma dessas aptidões com os episódios históricos e locais que visitara em suas viagens.

Mais do que isso, havia encontrado entre seus alunos os representantes típicos de dominância de cada uma dessas aptidões.

Faltava saber o que se esconderia nas porções mais recentes do cérebro humano e nas porções que ainda se desenvolviam, vagarosamente, mas inexoravelmente, no lobo frontal.

Nessa rápida viagem de trabalho a Roma, sem Samy e sem a possibilidade de trocar ideias com ela, ele teria de desenvolver esse diálogo com seus antepassados.

E o Cavalieri parecia um sítio sob medida para isso.

De seus jardins murados, ele podia contemplar toda a Roma e contar suas sete colinas.

À meia distância da linha do horizonte, olhando para a direita, na direção sudoeste, sua atenção pousou sobre a cúpula da Basílica de São Pedro, no centro da cidade do Vaticano.

Rápido como um estalar de dedos, sua mente era aquela cúpula. E ela estava carregada de espiritualidade, de religiosidade, de piedade, ética e valores.

"Mores" foi a palavra latina que veio à sua mente para sintetizar essas preocupações.

Adão se deu conta que, efetivamente, até esse momento, não havia identificado ou descrito as aptidões puramente espirituais do homem, aquelas que o homem atribuía aos santos e anjos e, também, a Deus.

Adão já havia comparado aos poderes de Deus a criatividade do homem e sua capacidade de moldar e mudar a natureza.

Já havia anotado que, no processo de transição de seus talentos críticos (sua capacidade de entender e copiar a natureza) para seus talentos criativos (a capacidade de inventar e produzir coisas que não existiam na natureza), o homem começava a assumir alguns poderes quase divinos.

No entanto, Adão não havia ainda identificado em nenhum dos polos de talento do ser humano as preocupações especificamente morais e éticas, a diferenciação entre o moralmente certo ou errado; entre o eticamente correto ou incorreto; entre a virtude e o pecado.

Não havia identificado a sede da "Piedade", seja em seu sentido original de religiosidade, devoção (a um conjunto de "valores"), seja em seu sentido de compaixão em relação à dores de terceiros, fossem eles seres humanos ou quaisquer outras criaturas.

Em verdade, percebia que essa "Piedade" era nada mais nada menos do que a explosão, a exaltação do amor, mas, certamente, muito mais do que o "amor" romântico, trivial, de todos os dias.

Para compreender a "Piedade" separada de outros poderes quase divinos do homem, Adão usou, mentalmente, a imagem da Santíssima Trindade, dentro da qual o Pai representava a criação, o Filho, a criatura, e o Espírito Santo, a moral.

Percebeu que, dentro dessa ótica, o próprio homem podia ser visto como uma trindade: "Pai, Filho e Espírito Santo".

Foi tomado por uma sensação de que, logo, logo, ele saberia muito mais sobre isso.

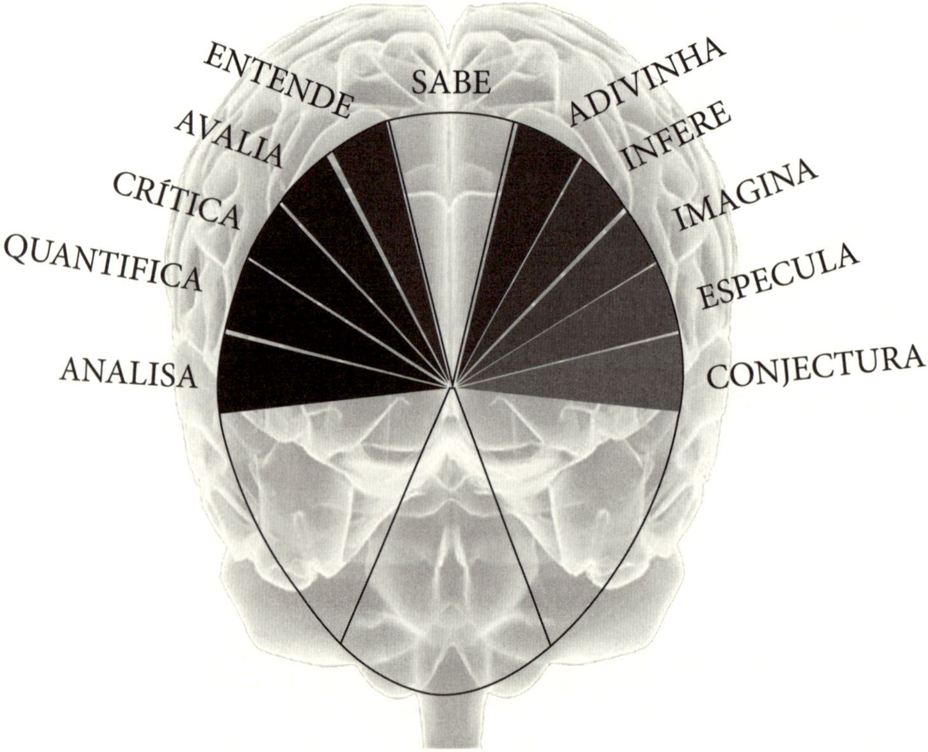
ENTENDE
SABE
ADIVINHA
AVALIA
INFERE
CRÍTICA
IMAGINA
QUANTIFICA
ESPECULA
ANALISA
CONJECTURA

Os poderes quase divinos

Adão havia construído em sua mente, e em suas anotações, o processo de evolução do homem, desde seus mais remotos ancestrais, através de sucessivas incorporações de aptidões para agir, reagir, fugir, organizar-se e proteger-se. Associar-se em grupos para aumentar seu poder. Idealizar e produzir ferramentas e armas.

Usar sua inteligência para dominar o fogo. Observar e copiar a natureza. Criar e fazer. Imitar Deus.

Ele acreditava que o homem tinha ainda poderes além daqueles que utilizava todos os dias. E, também, que a maior parte de todos os fenômenos espirituais atribuídos a Deus e aos espíritos eram produzidos pelo próprio homem.

Ele tinha a certeza de que o processo de evolução do ser humano não havia, ainda, se completado; que o homem continuava a evoluir, física, mental e espiritualmente.

E que seria cada vez mais inteligente, cada vez mais apto a entender, criar e gerar novos conhecimentos.

Quando cursava o secundário, Adão era um dos poucos de sua turma que acreditavam que o homem iria à Lua.

Imaginava que isso aconteceria logo na passagem para o século XXI, por volta do ano 2.000.

Surpreendeu-se com a precipitação de suas expectativas para 1969, com trinta e um anos de antecedência!

Mas agora não via mais isso com surpresa.

– O homem continua a evoluir e está evoluindo cada vez mais depressa – emendou Módena, concluindo os comentários de sua última conversa. Logo terá poderes inimagináveis – sentenciou.

– Acredito que ele já os tem...

– Como assim, Adão?

– Já conversamos sobre o sistema límbico, do cérebro humano...

– Do cérebro simplesmente, não. Do sistema nervoso central, Adão...

– Sim, claro, das porções mais antigas do sistema nervoso central: medula, ponte, bulbo e cerebelo...

– Depois – emendou Módena rapidamente, criamos nossa alegoria do relógio para localizar as aptidões do sistema límbico: ação, reação, fuga, convívio e agrupamento, nas marcas entre as 5 e 7 horas, as aptidões do sistema cortical esquerdo – proteção, organização, disciplina, controle e planejamento, entre as 7 e as 9 horas. E as aptidões do sistema cortical direito – tocar, comunicar, apoiar, ensinar e envolver-se, entre as 3 e as 5 horas.

– Módena! Você lembrou direitinho!

– Lembrei, também, que você passou todas essas anotações para o "ovo" representando o sistema nervoso central do ser humano, dividido em fatias, a partir do centro, formando conjuntos que chamou de polos de aptidões. E que, no espaço entre as 9 e 11 horas, no polo NO, ficaram as capacidades de analisar, quantificar, criticar, avaliar e entender.

– Isso mesmo! – interveio Adão. E entre as marcas de 1 e 3 horas, no polo NE, as aptidões do sistema neocortical direito: conjecturar, especular, imaginar, inferir e, até, adivinhar.

– Adivinhar já está ai? – perguntou Módena.

– Sim. Eu acredito que temos a capacidade de adivinhar...

– Você está falando sobre *insights*?

– Mais do que insights, chamei de adivinhação mesmo. E vi que a literatura na área da parapsicologia já reuniu centenas de volumes a respeito...

– E a do espiritismo também! – agregou Módena.

– Pois é... sei que você não é espiritualista...

– Sou, sim. E muito. Não no sentido religioso. Eu acredito no espírito do homem como sendo seu núcleo, sua parte mais essencial.

Eu diria, mesmo, sua alma! Aliás, como você sabe, a expressão "alma" refere-se sempre à parte central, ao núcleo de qualquer coisa!

– Módena! Que coisa! Estou chamando de alma justamente o eixo central do sistema nervoso, representado pelas fatias N e S !

– O eixo central?

– Sim. O eixo que une o passado do homem, suas primeiras aptidões, mais básicas, ao seu futuro, suas aptidões mais altas, ainda latentes e em fase de desenvolvimento...

– Aptidões superiores?

– Eu estou chamando de aptidões "quase divinas". Resumi com uma palavra – QuaD. Os "poderes inimagináveis" que você mencionou...

– E que você disse acreditar que já temos...

– É... a capacidade de fazer as coisas que costumamos atribuir a Deus, aos Santos ou aos espíritos...

– Milagres?

– Milagres, sim, e todos os demais fenômenos espirituais observados e relatados com tanta frequência, atribuídos aos espíritos dos mortos...

– Os poderes da alma...os poderes do espírito.

– Aí está, Módena. Você acredita que os poderes da alma sobrevivem ao homem?

– Isso eu não sei, mas sei que o espírito dos vivos teria tanto poder quanto o espírito dos mortos!

– Isso é o que afirma a parapsicologia – emendou Adão.

– É verdade. A parapsicologia atribui aos vivos os fenômenos que o espiritismo atribui aos mortos.

– De qualquer modo, é isso que estou colocando no alto do "ovo" como você o chamou. Já chegamos até Entende, pelo lado esquerdo, e até Adivinha pelo lado direito.

– E o que vai aí no meio, na fatia identificada como o polo norte?

– Os poderes espirituais do homem...

– Você escreveu SABE, mas saber já está em todas as posições do desenho.

– Refiro-me a saber tudo!

– À onisciência?

– É. Saber e entender tudo o que aconteceu e tudo o que está acontecendo...

– E tudo o que vai acontecer no futuro? – desafiou Módena.

– Na verdade, tenho certeza de que não dá para conhecer o futuro ou as coisas que vão acontecer no futuro, pelo simples fato de que o futuro, neste momento, é uma coisa que não existe.

– É, mas vem vindo aí.

– Parece que vem vindo, mas talvez não venha. Para os dinossauros, ele não veio. Explodiu tudo, antes que o futuro chegasse.

– Adão, me explique melhor essa ideia.

– Conhecer o futuro corresponderia a predeterminar o que vai acontecer. Se o homem ou um Deus concebido como o Criador e regente de todas as coisas pudessem, de antemão, saber tudo o que vai acontecer, nada poderia acontecer de forma diferente. O destino de todas as coisas estaria predeterminado, evento por evento, independentemente de nossas ações ou iniciativas de todos os dias. E, é claro, independentemente da vontade do Deus, que teria de mudar de ideia ou admitir um erro de julgamento.

– Para mim sempre foi claro que a onisciência de Deus, proposta nas religiões, conflita com o livre arbítrio do homem.

– Porque você sempre foi o homem da ciência, da lógica. E a lógica não serve para explicar a fé...

– A fé entra no seu modelo?

– A fé, a piedade e a religiosidade. Acredito que o objetivo da fé seja suprir o desconhecimento. A palavra SABE, aqui, significa a consciência de todas as coisas. A compreensão de todos os mistérios.

– Saber tudo também não significa poder tudo?

– É para onde eu acredito que o homem vai, dentro de mais muitos milênios de evolução, desenvolvendo as aptidões, as capacidades e os poderes que ele mesmo atribuiu ao Criador.

– Seus estudos terminam aí?

– Na verdade, não, mas já registrei muitos eventos e episódios extraídos das viagens que fiz pelo mundo, com Samy e as crianças, que ilustram as aptidões límbicas do polo sul e as aptidões pré-corticais e corticais dos polos sudoeste e sudeste. Já achei boas referências, também, para as aptidões intelectuais do polo norte: Analisa, Quantifica, Critica, Avalia e Entende. Acho que entendi, também, as diferenças entre Conjectura, Especula, Imagina e, até, Infere.

– Até Infere?

– Mas, estou no limiar entre a convicção e a crença para as capacidades de Adivinhar e muito no escuro para o SABE. Parece que quanto mais imagino e especulo, quanto mais aprendo, percebo que mais falta por aprender. Na verdade, estou em um beco sem saída para o QuaD.

– Você me disse que esses "Poderes quase Divinos" do homem estavam no futuro do processo ainda em curso da evolução. Se não me engano, há mais de alguns milhares e milhares de anos no futuro! Então, qual é o problema?

– Não tenho milhares de anos para esperar.

– E o que vai fazer?

– Vamos continuar rodando o mundo, eu e a Samy. E prestar mais atenção para quaisquer pistas do QuaD. Eu não contei tudo para você, mas tenho tido muitos sonhos e muitas visões sobre os fragmentos desses poderes.

– Você me contou que conversou com um balonista.

– Não conversei, só capturei sua frequência. E poderia também ter sido minha imaginação. Mas, vi muitos flashes de vidas passadas.

– Vidas passadas, Adão?

– Ou vidas de meus antepassados, talvez. Elas estão em meus genes.

– Isso você acredita?

– Isso eu sei.

– Sabe, SABE?

– Sei. SEI.

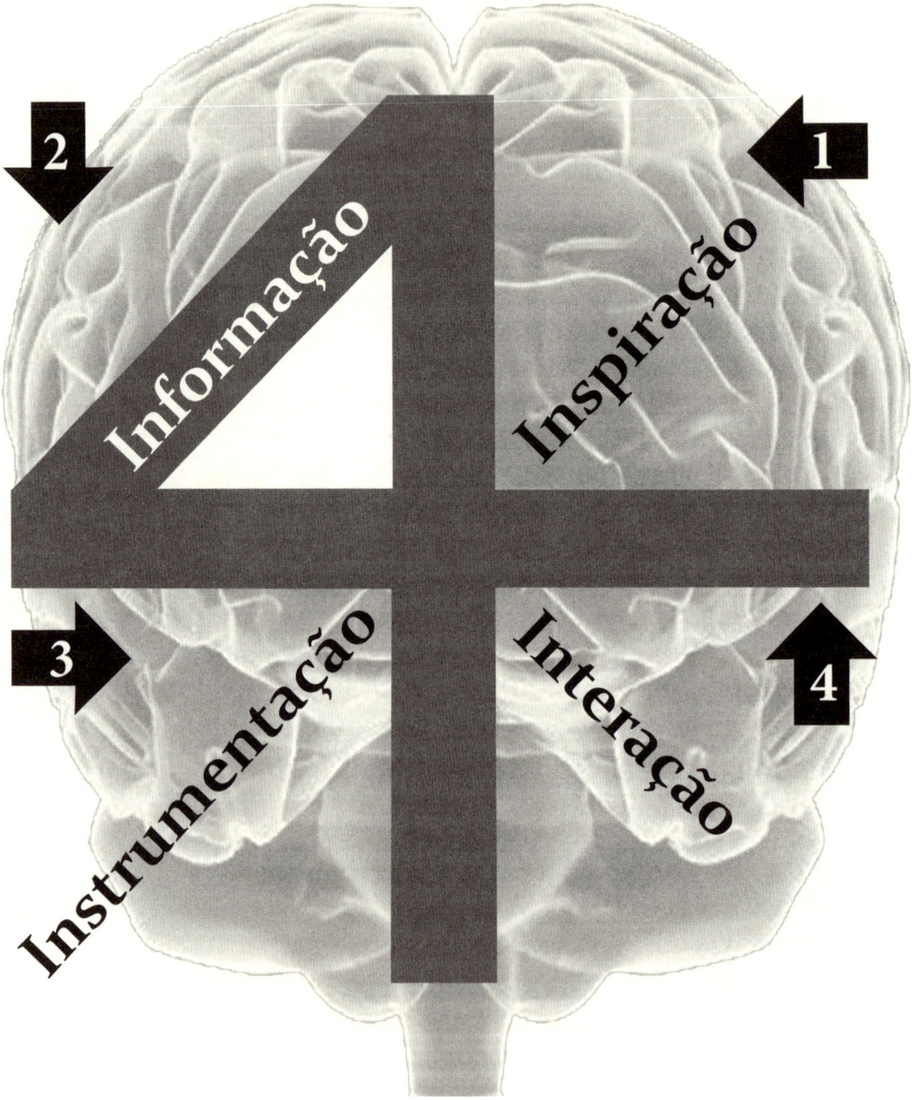
2
1
Informação
Inspiração
3
4
Instrumentação
Interação

Os 4 I's do Aprendizado

As anotações que Adão havia feito em seu inseparável caderno de capa preta sobre o processo de aprendizado através dos polos de aptidões cerebrais permitiram que ele montasse um programa de instrumentos e comportamentos dando cobertura às demandas de cada Sistema de Representação.

Começou traçando quatro premissas para o programa:

1. O ensino é, sempre, um processo externo ao aprendiz, fluindo no espaço reduzido de uma sala de aula ou no ambiente global aberto de uma rede de satélites.

2. O aprendizado é, exclusivamente, um processo interno do aprendiz fluindo no interior de seu cérebro, sempre que as informações transmitidas atravessem o portal ou a "barreira" de seus sentidos (visão, audição, tato, olfato e paladar) e de sua cultura pregressa.

3. Embora os cinco sentidos sejam universais, seu emprego enquanto "Sistema de Representação Preferido" varia de pessoa para pessoa.

Umas são mais auditivas (mais ligadas no que ouvem), outras mais visuais (mais ligadas no que veem), ou mais sensitivas (mais ligadas no que sentem) ou mais digitais (mais ligadas no que podem comprovar).

4. Quaisquer que sejam os sistemas de representação preferidos de cada aprendiz, é fundamental que eles estejam solicitando essas informações mais do que simplesmente abertos para recebê-las. Em outras palavras, cabe ao professor colocar as mentes de seus alunos no "modo" aprendizado.

Com o intuito de apelar para a imaginação do aluno, criou o modo identificado como o primeiro I:

Inspiração – O cérebro humano descarta como irrelevantes 86% das informações que recebe. E irrelevantes são, para ele, todas as situações que não exijam resposta. Nesta etapa, que tem por objetivo abrir o comprometimento do aluno, são entregues a ele tarefas, na forma de um *prework*, que constituem um convite e um desafio à sua inspiração, com prazo para elaboração de respostas e retorno.

O segundo modo pareceu evidente:

Informação – Neste módulo, o aluno recebe as informações que constituem a melhor resposta conhecida para as questões colocadas anteriormente, acompanhadas de feedback para as tarefas cumpridas por ele na devolução de seu *prework.*

E, o terceiro:

Instrumentação – É fato reconhecido que a memorização e a posterior lembrança de informações recebidas pelo ser humano dependem de seu registro na hora da recepção da informação (*save/enter).* Nesta etapa, o aluno recebe instrumentos e ferramentas (mapas, tabelas, gráficos, sinóticos) específicos e apropriados para visualização, registro (criação de "ganchos" e *links*) e memorização das informações recebidas nos módulos anteriores.

E, finalmente, o quarto:

Interação – Cada um dos modos anteriores contempla a dominância cerebral e o sistema de aprendizado preferido de cada um dos participantes. No entanto, independentemente de seu modo próprio de assimilação de informações, os homens aprendem e crescem, sempre, através do convívio social.

Esta etapa, totalmente versada em termos de jogos interativos, deve repor todo o conhecimento transmitido nos passos anteriores para a troca de percepções entre os alunos, discussões, debates e disputas interpessoais e intergrupais.

Adão anotou que na reunião entre professor e alunos estão presentes as condições para que todos os sistemas de ensino sejam praticados e para que todos os sistemas de aprendizado encontrem seu espaço.

Os alunos podem ouvir, ver, sentir e avaliar. Mais do que isso, os auditivos, os visuais, os sinestésicos e os digitais podem interagir e aprender a aprender através de todos os sistemas de representação.

No entanto, na maior parte das salas de aulas, os alunos passam muito mais tempo ouvindo o professor do que interagindo com ele ou entre si.

Nem as salas de aula, em seu desenho clássico, oferecem as melhores condições para a interação entre os alunos. Qualquer quadra esportiva se presta melhor a esse fim do que as salas de aula.

Os exercícios de interação propostos expõem cada participante aos diferentes e facultam a construção de sinergia entre os representantes das mais diversificadas aptidões e culturas.

A proposta de Adão fez sucesso em sua escola, sendo adotada para todas as matérias, e logo, em outras escolas. Adão foi convidado para fazer parte da Diretoria Acadêmica dos cursos superiores.

Era um grande salto em sua carreira mas, Adão só aceitou o convite depois de fechar um acordo para continuar com sua turma até a formatura do colegial, da qual foi paraninfo.

Os alunos montaram, para a festa de formatura, uma representação com cinco personagens ricamente fantasiados com alegorias das cartas de um baralho: Júlio no papel do Rei de Ouros, Douglas como o Rei de Espadas, Aristides como o Valete de Paus, Cristina como a Dama de Copas e Beth – a aluna que tinha as diferentes aptidões mais equilibradas – com uma composição das quatro fantasias.

Como cenário, o grupo havia montado um grande painel fotográfico com os quatro naipes do elenco. Como fundo musical para cada quadro, foram gravados trechos de músicas adequadas aos diferentes temas.

Na abertura da encenação, os personagens apresentaram-se um a um, explicando seus papéis.

1. O Rei de Ouros (Júlio):

– Meu nome é Inspiração. Eu ensino.

Aprendi com a natureza, antes da existência de qualquer professor e entrei para o grupo dos primeiros mestres. Naquele tempo chamavam-me de filósofo (o que pensa).

Continuo ensinando meus alunos a pensar.

Meu compromisso é abrir o comprometimento do aluno, formulando questões que constituem um convite e um desafio à sua inspiração, para que, na abertura da aula, ele faça um movimento de "encher os pulmões" (inspirar), ouvir, antes de dizer qualquer coisa.

Dou-me muito bem com os alunos parecidos comigo.

2. O Rei de Espadas (Douglas):

– Meu nome é Informação. Eu ensino.

Podemos analisar, demonstrar e provar tudo o que aprendemos. Para isso, temos fórmulas matemáticas. E instrumentos de avaliação específicos. O aluno precisa ver, ouvir, tocar e comprovar.

As hipóteses precisam ser testadas, antes de aceitação efetiva.

Por isso, mantenho-me continuamente atualizado, fornecendo a meus alunos informações que constituem a melhor resposta conhecida para cada matéria ou assunto.

Dou-me muito bem com os alunos parecidos comigo.

3. O Valete de Paus (Aristides):

– Meu nome é Instrumentação. Eu ensino.

Pão, pão, queijo, queijo. Você não vai resolver nenhum problema se não souber a tabuada de cor.

Preste atenção! Não converse... Anote em seu caderno. Fique em seu lugar.

Sei que a memorização e a posterior lembrança de informações recebidas pelo ser humano dependem de seu registro na hora da recepção da informação.

Por isso, além de assegurar silêncio e disciplina na sala de aula, utilizo sempre anotações por escrito, quadros, gráficos, sinóticos e tabelas para o registro resumido de todas as aulas.

Dou-me muito bem com os alunos parecidos comigo.

4. A Dama de Copas (Cristina):

– Meu nome é Interação. Eu ensino.

Aprendi com os filósofos, antes da escola e da sala de aula, em um círculo de alunos com as mãos dadas e discutindo tudo o que era dito. Chamavam-me de Professor e continuo incentivando meus alunos a interagir.

Por isso, trato de organizar, continuamente, jogos e dinâmicas para a troca de percepções entre os alunos, discussões, debates e disputas interpessoais e intergrupais.

Esse processo me permite desenvolver empatia e interagir com todos, quaisquer que sejam seus sistemas de representação preferidos.

5. Apresenta-se o último personagem, Beth, cuja fantasia é uma mistura das quatro anteriores, exibindo os quatro naipes:

– Eu sou uma plêiade de aprendizes.

Casa um dos aprendizes que represento pode aprender bem com aqueles professores que melhor falem seu idioma preferido. Mas, nenhum professor, sozinho, fala todas as línguas que cada um de nós entende melhor.

Por isso, tem aulas que muitos de nós adoram e aulas que muitos de nós abominam. Acabamos aprendendo só aquilo que cada um de nós gosta, se for entregue do jeito que cada um de nós gosta.

Voltam à cena os quatro personagens originais, recitando juntos:

– Nós somos os 4 I's do aprendizado. Nós ensinamos.

Juntos, podemos garantir que nossos alunos efetivamente aprendam e, mais do que isso, aprendam a ensinar.

Nós desafiamos a Inspiração: o uso da imaginação pelos alunos, com perguntas que eles devem responder para entrar no assunto.

Nós fornecemos a Informação requerida, na forma de esclarecimento para as dúvidas e interesses manifestados nas respostas fornecidas por cada aluno.

Nós entregamos, a cada um deles, a tarefa de montar recursos para a memorização dos conhecimentos recebidos, através de provas e instrumentos apropriados.

E, sobretudo, nos asseguramos que os alunos, portadores das mais diversificadas aptidões e sistemas de representação e aprendizado, troquem conhecimentos e percepções entre si, através de exercícios específicos de interação e fertilização cruzada.

Na sequência, em quatro cenas separadas, cada um deles aborda um aprendiz entregando uma dose de conhecimento em seu estilo próprio de ensino.

A apresentação, encerrada com todos os personagens no palco cantando um arranjo da música do filme "Ao mestre com carinho", estrelado quatro décadas antes por Sidney Poitier, foi aplaudida de pé pelo público.

"Aqueles dias de crianças, de contar mentiras
e roer as unhas, se foram.
Mas, em nossa mente sabemos que sempre sobreviverão.
Como agradecer alguém
que nos fez crescer como gente?
Não é fácil, mas vamos tentar.
Se você quisesse o céu, escreveríamos nele
com as estrelas a mil pés de altura:
Ao mestre, com carinho.
Chegou a hora de fechar os livros,
enquanto nossos últimos olhares se cruzam.
E enquanto vivermos,
saberemos que estamos deixando nosso melhor amigo.
Um amigo que nos mostrou o certo e o errado,
o fraco e o forte, coisas tão difíceis de aprender.
O que podemos lhe dar em troca?
Se você quisesse a lua, tentaríamos voar para lá.
Mas, preferimos que você nos deixe dar nossos corações
Ao mestre, com carinho".

* * *

Com lágrimas nos olhos, Adão despediu-se de seus alunos.

Mas, sabia que voltaria a encontrá-los, como tantas vezes já os encontrara, nos quatro cantos do mundo e nos infinitos cantos do tempo, da vida e da história.

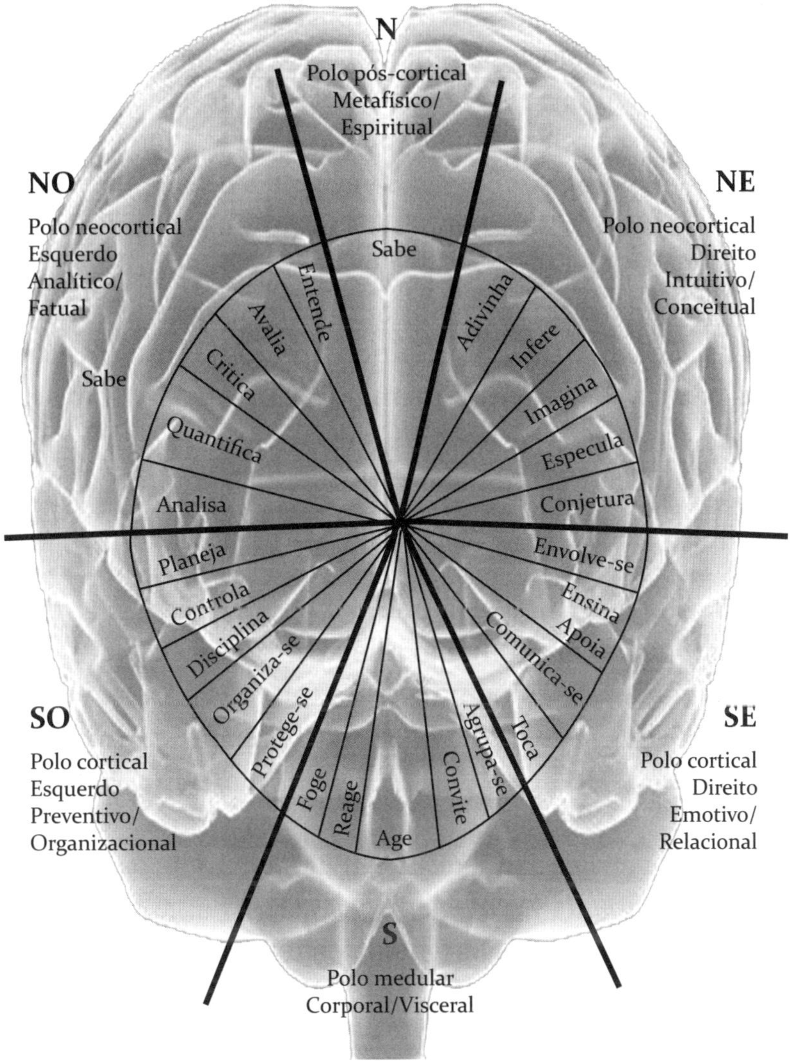

Vidas futuras

Adão olhava em transe para o mapa de distribuição das aptidões cerebrais que ele havia finalizado sobre a elipse representativa do sistema nervoso central do ser humano; para o "ovo", como o professor Módena se referira a ela.

Mas, agora voltava sua atenção especificamente para o eixo central vertical do desenho, o polo medular e o polo pós-cortical, os dois extremos do desenho, representados pelas expressões Age e Sabe.

Ele tinha uma clara consciência de que o polo medular, sede das aptidões corporal/viscerais inconscientes e subconscientes, era a porção mais antiga do sistema nervoso central, repositório de toda a herança ancestral do homem.

Acreditava que, nesse polo, o homem guardava vínculos com todos os seus antepassados, incluindo aptidões e informações recebidas dos pais, avós, bisavós e assim por diante, ao longo dos séculos e milênios.

Mais do que isso, entendia que todas as lembranças ancestrais arquivadas nos níveis do subconsciente e inconsciente podiam ser desarquivadas em diferentes oportunidades e circunstâncias, embora fosse óbvio que o ser humano não conseguia fazer isso voluntariamente ou em qualquer momento a seu bel-prazer.

Sobretudo, Adão tinha uma visão muito clara a respeito do desenvolvimento das aptidões do homem, em seu processo evolutivo ao longo dos estágios de Ação, Reação, Fuga, Convívio e Agrupamento, no polo medular.

Os sonhos e visões que desfrutara ao longo de suas viagens haviam aberto sua mente para a percepção clara das aptidões preventivo/organizacionais contidas no polo cortical esquerdo (SO) e emotivo/relacionais contidas no polo cortical direito (SE).

Identificara as fronteiras entre essas aptidões operacionais e aquelas de nível intelectual que listara no polo neocortical esquerdo NO (aptidões analítico/fatuais) e no polo neocortical direito NE (aptidões intuitivo/ conceituais).

Aprendera muito e, sobretudo, ganhara condições de conhecer melhor a si mesmo e os outros; de compreender melhor toda a história, todos os acontecimentos, todas as pessoas e todos os comportamentos.

Tornara-se ele mesmo um melhor educador e formador de pessoas: – Se você quiser conhecer e entender melhor a história, estude mais a personalidade das pessoas – costumava dizer.

Mas, como ele mesmo previra e confessara para o professor Módena, "estava em um beco sem saída para a visualização e entendimento do QuaD".

Por enquanto, as "aptidões quase divinas" do homem estavam reunidas em uma única palavra – SABE – no alto do polo pós-cortical, sede das aptidões metafísico/espirituais, supraintelectuais e supraconscientes, identificada por Adão como a porção mais nova e mais nobre (e em fase de desenvolvimento acelerado) do cérebro humano, capaz de realizar combinações ultra-sofisticadas de conhecimento e imaginação.

Entrando nesse polo, ele teria um vínculo com seus descendentes, com o homem do futuro e com o semideus dotado de poderes quase divinos.

Mas, a proposta de Adão era mais ambiciosa do que isso. Ele queria saber já, imediatamente, que poderes seriam esses, em que sequência e em quanto tempo eles se desenvolveriam e, muito mais do que isso, se eles já não estariam instalados no cérebro do ser humano, podendo vir a ser acessados e usados através de esforços conscientes e programados.

Essa inquietação provinha, certamente e em grande parte, dos casos, da exaustiva leitura de textos entre a parapsicologia e o espiritismo, com as centenas de casos de manifestações extranormais, paranormais e sobrenaturais relatados como verídicos em todo o mundo e ao longo de muito tempo, entre os quais muitos não puderam ser arquivados como charlatanismo, truques, alucinações ou explicados por outras causas naturais.

Do conhecimento dos casos que não puderam ser atribuídos às capacidades naturais do ser humano, Adão tendia a admitir que, da mesma forma como diferentes indivíduos têm aptidões mais desenvolvidas do que a maioria, em quaisquer dos polos S, SO. SE, NO e NE, o mesmo seria válido para o polo N.

Que aptidões seriam essas continuava a ser um ponto de interrogação.

No entanto, mais do que tomar conhecimento de casos ocorridos com terceiros, Adão tinha vivido, ao longo de mais de vinte anos, seus próprios sonhos e suas próprias visões em dezenas de lugares ao redor de todo o mundo.

Ao rememorar esses casos, Adão se dava conta que todas suas visões e todos seus sonhos focavam o passado, distante ou tão próximo como no encontro com o balão, na Route 66.

Dessa percepção tirava um reforço definitivo para sua certeza que por mais evoluído, por mais quase divino, por mais semideus que fosse, nenhum homem poderia, jamais, ver ou conhecer o futuro, simplesmente porque o futuro é uma abstração – uma coisa que não existe como fato em nenhum momento.

Adão havia comentado com o professor Módena que nem mesmo um Deus onisciente, onipresente e onipotente – e principalmente esse – poderia ver e conhecer o futuro porque para o onipotente conhecer o futuro seria o mesmo que determinar como seria o futuro, evento por evento.

Adão usou esse raciocínio para eliminar a pré-cognição como um fenômeno extrassensorial ou paranormal, incluindo-a no grupo da especulação e da imaginação.

Anotou em seu indefectível caderno de capa preta:

"Ninguém nunca teve nem terá qualquer pré-cognição se entendermos que essa capacidade refere-se ao conhecimento de qualquer fenômeno antes que ele se manifeste.

Todas as pessoas podem ter, ou terão, se questionadas, visões sobre qualquer situação futura. No entanto, já saberemos, de antemão, que a absoluta maior parte dessas visões não baterá com a realidade.

Isso acontece todos os dias em todas as loterias no mundo inteiro. Milhões de pessoas escolhem um número simples, de quatro ou cinco dígitos. Uma ou duas acertam o resultado sorteado poucos dias depois. Com bastante frequência, nenhuma acerta nem esses poucos números e os prêmios da loteria ficam acumulados.

Imaginar o futuro é uma coisa que pode ser feita através da combinação dos mais diferentes raciocínios e projeções, inclusive lógicas e matemáticas.

Ver ou conhecer o futuro ou quaisquer acontecimentos específicos no futuro é impossível, simplesmente pelo fato de que ninguém pode ver uma coisa que não existe, no momento em que se olha na direção dessa coisa.

O futuro, é claro, existirá e, ao chegar, no brevíssimo tempo durante o qual será presente, terá apenas um entre os milhares de panoramas possíveis.

A pessoa que tenha imaginado esse panorama, que tenha tido uma visão de futuro que coincida com esse panorama, pode imaginar que "adivinhou" o futuro e, se sua visão tiver sido divulgada quando foi formulada, muitas pessoas acreditarão, sem sombra de dúvida, que se trata de pré-cognição".

* * *

Ao terminar essa anotação, Adão percebeu que o passado, em contrapartida, conquanto seja uma coisa que não existe mais e que não pode ser fisicamente acessada, visitada ou modificada, existiu em todos os seus detalhes e está gravado, em todos os seus momentos e capítulos, não só nas mídias externas ao ser humano como no subconsciente e no inconsciente de toda a humanidade.

Registrou a esse respeito:

"As evidências científicas compiladas até hoje não permitem afirmar, embora o mesmo também não possa ser categoricamente negado, que as informações armazenadas na memória possam ser transmitidas genéticamente e, consequentemente, recebidas hereditariamente.

Os arquétipos – padrões de atitudes e comportamentos aparentemente inatos – são encarados por muitos como indicadores poderosos de que conceitos aprendidos podem ser transmitidos hereditariamente.

Mas, não é preciso admitir a transmissão de conhecimentos através dos genes para perceber que lembranças armazenadas pelos pais são transmitidas para seus filhos à margem dos processos educacionais.

Existem, pelo menos, dois outros canais para garantir esse efeito.

Primeiro, a convivência intrauterina: durante nove meses os fetos compartilharam com suas mães muito mais do que sangue, oxigênio e outros agentes químicos. Como parte integrante do organismo materno nesse período, com um sistema nervoso e com um cérebro já em desenvolvimento, o feto recebeu da mãe todos os impulsos químicos e elétricos que passaram pelo sistema nervoso da mãe e, por aí, todas as informações sensoriais nele contidas.

Não é heresia dizer que a criança, ao nascer, tem em seu cérebro todas as informações que estavam no cérebro da mãe.

Além disso, antes e depois de nascer, recebemos de nossos pais e de todos ao nosso redor, uma grande quantidade de informações pelas vias sensoriais conhecidas – há muito tempo se sabe que os fetos ouvem e podem reagir a informações recebidas pela via auditiva, tanto quanto armazená-las.

Assim, é possível entender que temos em nossa mente as informações acumuladas nas mentes de nossos pais e, por extensão de raciocínio, de todos os nossos ancestrais.

Basta pensar um pouco nisso para perceber quantas experiências poderíamos reviver pessoalmente ou através de terceiros se pudéssemos passar, telepaticamente, informações contidas em nosso inconsciente. E, também, quantas experiências poderíamos viver recebendo de outros informações passadas telepaticamente".

Adão retomou suas cismas:

Temos a capacidade de receber e ou passar informações telepaticamente?

Alguns tem essa capacidade e outros não?

Será essa uma das capacidades reservadas para o futuro no processo de evolução continuada dos poderes de nossa mente?

Adão repassou esse texto cinco, dez, vinte vezes e não estava satisfeito com ele.

Olhando para o desenho do modelo, ele percebia que estava avançando para dentro das aptidões QuaD; para dentro da área do SABE, sem efetivamente saber quase nada.

Até aí, ficava claro que ele tentava atravessar com especulações um lodaçal de fenômenos desconhecidos que começava com tentativas de adivinhação, muito mais do que com compreensão efetiva.

Samy veio em seu socorro:

– Você não está falando sobre as aptidões que acredita que o homem ainda vai desenvolver ao longo de seu processo evolutivo?

– Sim, claro – respondeu Adão.

– Ao longo de quanto tempo?

– Mais alguns milhares de anos, se não inventarmos uma poção capaz de acelerar o processo evolutivo...

– E você quer saber agora como dominar essas aptidões? E criar exercícios para fazer isso?

– É, Samy, parece que estou tentando, mesmo, colocar a carroça na frente dos bois. O que eu queria mesmo era ter um vislumbre das novas capacidades que o ser humano desenvolverá em sequência, da mesma forma como desenvolveu até hoje as aptidões já instaladas.

– O que você fez, até agora, foi examinar o presente e o passado através das marcas por eles deixadas. Para isso já rodamos meio mundo. Onde vamos encontrar as pistas para o futuro? – perguntou Samy.

– Acho que vou começar fazendo uma lista dos poderes ocultos da mente e, depois, sair coletando eventos que digam respeito a eles.

– Onde?

– A relação dos poderes, em alguns tratados de parapsicologia e origens das religiões; os eventos específicos em entrevistas com profetas e gurus.

– Você vai conversar com os profetas?

– Acredito que vou – respondeu Adão, com tanta firmeza que Samy não fez mais do que mover a cabeça em sinal de consentimento.

– Adão, por que você não põe como a primeira aptidão QuaD a capacidade de resgatar conscientemente quaisquer lembranças subconscientes e inconscientes? – ouviu o professor Módena perguntar alto e claro

Girou sua cadeira rápido para ver que o colega não estava na sala e levantou-se para certificar-se de que não estava nem estivera no corredor.

Mas, o palpite providencial do colega foi o suficiente para que ele decidisse dividir a fatia N (SABE) em várias fatias menores, da mesma maneira como os outros polos estavam divididos em fatias, formando como que um leque.

As aptidões referentes a cada fatia e sua sequência ele ainda não sabia, mas começaria por conjecturar, especular e imaginar, seguindo suas aptidões neocorticais correspondentes. De volta ao seu caderno, transcreveu todo um capítulo de informações sobre fenômenos espirituais que havia cruzado com seu modelo de aptidões:

"Carl Jung, discípulo de Freud, desenvolveu o conceito de inconsciente coletivo; um reservatório onde se estocariam as memórias do passado de toda a humanidade – como se fosse um banco de almas.

Com essa possibilidade em vista, podemos conceber uma alma imortal independentemente de qualquer crença religiosa.

Associando as ideias de alma e informações contidas no cérebro e a lógica da herança de informações ancestrais, fica fácil ver que a alma no sentido aqui proposto será, efetivamente, imortal, eternizando-se na passagem de pais para filhos e em outros receptores de lembranças ancestrais.

Sob essa ótica de raciocínio, muitos fenômenos espirituais, inclusive e particularmente os relacionados com lembranças de vidas passadas, seriam explicáveis não através da crença em reencarnações do espírito, mas, simplesmente, pela transmissão de lembranças de uma para outra geração, em linha direta ou através de triangulações.

Se e quando qualquer pessoa conscientiza lembranças de vidas passadas, ela pode saber que os acontecimentos vistos ou sentidos não ocorreram com ela própria em outras encarnações, mas sim com seus avós, tataravós ou quaisquer outros ancestrais mais distantes ou com pessoas com as quais eles conviveram.

Pensando bem e entendendo como alma o inconsciente das pessoas e as informações nele acumuladas, chegaremos exatamente à ideia de reencarnação proposta pelos espiritualistas, apenas livre das conotações místicas ou religiosas, tais como virtudes ou pecados, culpas e castigos impostos pela divindade ou pelo destino.

Mais simples ainda é imaginar como os conceitos de alma e inconsciente podem explicar o reencontro com pessoas que já não vivem mais ou com a recepção de mensagens dessas pessoas.

Como todas as pessoas continuam a "viver" em seus descendentes, as informações que afloram nesses encontros ou nas mensagens recebidas podem ter sua origem na alma de uma pessoa viva, presente ou não na oportunidade, onde estariam arquivadas em níveis subconscientes ou inconscientes.

A ciência já sabe que quase noventa por cento de toda informação recebida pelo ser humano através dos receptores sensoriais conhecidos é descartada pelo cérebro como sendo irrelevante e não importante.

Sabe, também, que todas as informações não utilizadas para a geração de respostas serão arquivadas para uso futuro em atividades motoras ou intelectuais.

Na verdade, a quantidade de informações e experiências que temos acumuladas nos níveis subconscientes e inconscientes é infinitamente maior do que aquela transitando pelo consciente a qualquer momento.

A capacidade de resgatar, voluntariamente, a qualquer momento, capítulos selecionados dessas lembranças, ao simples teclar de um ícone "open", como fazemos no computador, nos colocaria em um patamar de conhecimentos e consciência milhares de vezes maior e milhares de anos à frente.

Adão voltou ao desenho de seu leque de aptidões QuaD e anotou na primeira lâmina à direita:

"Resgate de memórias sub e inconscientes (RMS)".

Lembrou-se da pergunta de Módena:

– Saber tudo não equivale a poder tudo?

E reservou as lâminas do lado esquerdo do leque para "Forças Físicas da Mente" deixando para as lâminas da direita os "Fenômenos Cognitivos".

Colocou pontos de interrogação para as áreas que queria selecionar dentro das dezenas de opções fornecidas pela fenomenologia histórica da parapsicologia e do espiritismo.

A muralha da China

Letícia e Bruno haviam acompanhado Adão e Samira em duas viagens à Europa. Na primeira delas, quando Letícia beirava os catorze anos e Bruno chegava aos doze, rodaram de carro pela Itália, a partir de Roma, passando por Florença, Pisa, Veneza e Pádua para chegar à região do Tirol, no sul da Áustria, visitando Innsbruck e Salzburg antes de passar para Munique e subir em direção à Holanda através de Luxemburgo e Colônia, completando a viagem com visitas à Amsterdam, Bruxelas, Paris e Londres.

Na segunda viagem, dois anos depois, voaram diretamente para o Cairo via Madri e Barcelona e seguiram para Israel, Grécia e, novamente, Roma antes de voar para Madri e Lisboa.

Foram os períodos em que Adão e Samira tiveram uma convivência mais longa com os filhos que se mostraram extraordinários companheiros de viagem, exibindo os comportamentos que, até então, Adão observara mais em seus alunos do que em sua família.

Mais puxada à mãe, Letícia exibia comportamentos organizacionais de fazer inveja ao Aristides, a ponto de orientar o pai dentro do trânsito de Roma, vangloriando-se com a mãe: – *Guarda, Mama, senza mappa*!

No ano seguinte, ingressou na Faculdade de Medicina, casou-se logo depois de formada e brindou a família com uma menina que parecia uma mescla de Douglas e Júlio, combinação privilegiada de raciocínio e intuição.

Bruno, extrapolado em Criatividade, começou a desenvolver seus próprios negócios já durante a faculdade e montou, depois de formado, uma escola voltada para a especialização e pós-graduação de empreendedores, vindo, por dever de ofício, a tornar-se um extraordinário educador.

Casou-se mais cedo do que a irmã e presenteou Adão e Samira com um neto que era uma combinação perfeita das aptidões do hemisfério cerebral direito: Especulativo, Imaginativo, Expressivo e Emocional.

Na época em que comentou isso com o professor Módena, já aposentado como ele, Adão disse que sua família reunida daria uma pessoa com todas as aptidões cerebrais perfeitamente distribuídas entre todos os quadrantes. O modelo que ele chamava de "Inteligência Total".

Módena apenas sorriu complacentemente, mas sabia que assim deveria ser, se Adão assim o dizia.

Como havia acompanhado as aventuras de Samira e Adão pelas Américas e Europa, perguntou sem ressalvas qual seria a próxima viagem do casal.

– Estamos com passagens compradas para a China!

– China? – Uau!...

– Vamos realizar em sonho antigo da Samira para visitar as Muralhas da China, de preferência, como marcamos, para o dia de seu aniversário.

* * *

Dois dias antes da data marcada nos bilhetes, Adão acordou com fortes dores abdominais. Como era um habitual produtor de pedras nos rins e já havia passado por algumas cirurgias correlatas, o diagnóstico parecia claro. Mais uma pedra? Mas a situação agravou-se à noite com um AVC provocado pela dor intensa e súbita elevação da pressão arterial.

A viagem precisou ser cancelada.

* * *

Samy nem pensou na viagem. Voltou seus pensamentos para Pádua, reclinou-se sobre o mesma vitrina da visita que haviam feito com Bruno e Letícia adolescentes e conversou com seu amigo Santo Antonio de Lisboa e Pádua, trocando seu sonho de conhecer a Muralha da China pela recuperação do marido.

Adão só pensou na viagem, prometendo a Samy que, se saísse daquela, iriam iniciar uma viagem, sem data para terminar, com o tapete voador de Aladim.

Ainda no leito do hospital, na manhã seguinte à sua internação, cantou para ela o início da música:

I can show you the world
Shining, shimmering, splendid
Tell me, princess, now when did
You last let your heart decide?
I can open your eyes
Take you wonder by wonder
Over, sideways and under
On a magic carpet ride.
A whole new world
A new fantastic point of view
No one to tell us no or where to go
Or say we're only dreaming.
A whole new world
A dazzling place we never knew
But when we´re way up there, it' will be clear
That than I´l be in a whole new world with you.

Menos de 60 dias e um *stent* coronário depois, os médicos liberaram Adão para viajar.

O patrono de Samy havia feito sua parte. Cabia a Adão fazer a dele.

Nos vouchers que entregou a Samy estava anotado o primeiro roteiro do Tapete de Aladim:

São Paulo/ Dubai/ Bangkok/ Macau/ Beijing /Dubai/ São Paulo.

O nome do tapete era Emirates Airline.

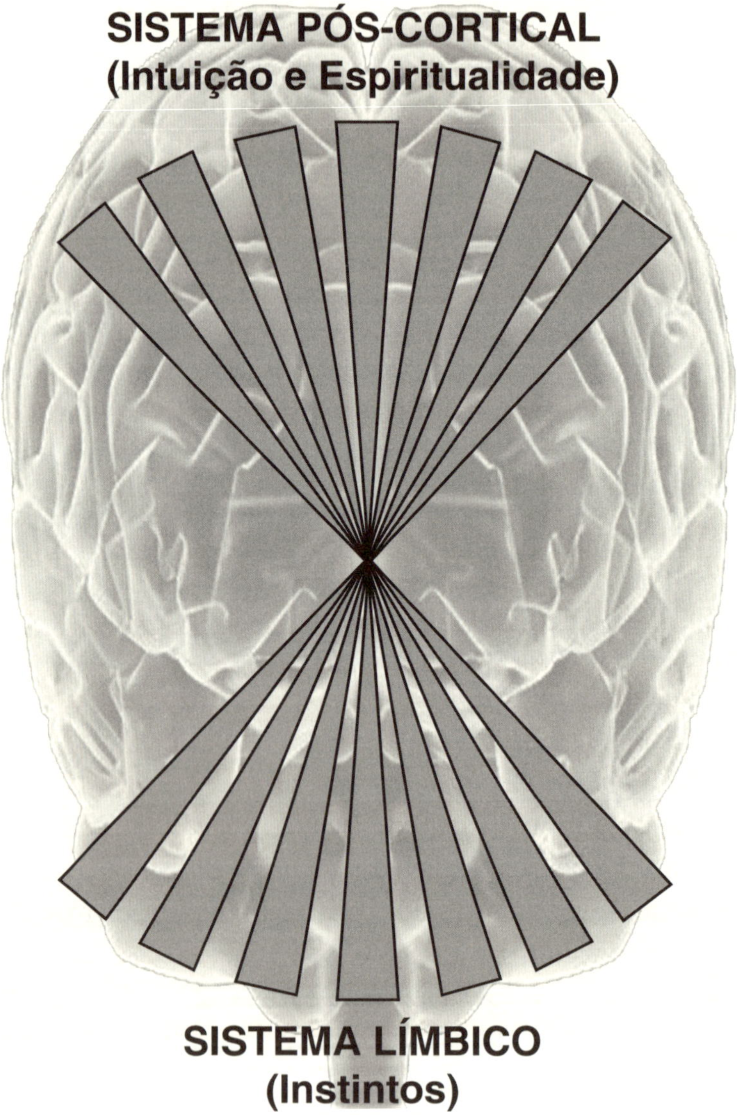
SISTEMA PÓS-CORTICAL
(Intuição e Espiritualidade)
SISTEMA LÍMBICO
(Instintos)

O encontro de dois tempos

O primeiro contato do viajante com Dubai é uma experiência que as palavras não podem contar, muito menos transmitir.

Shining, shimmering, splendid. Brilhante, radiante, esplêndida, como Aladdin havia prometido à princesa Jasmine.

E nem era por isso que Dubai havia sido escolhida como a primeira parada da "magic carpet ride".

Ali Adão planejara consolidar suas primeiras anotações sobre as funções chave dos polos sul e norte em seu modelo da evolução das aptidões cerebrais do homem: os instintos e a intuição.

Ele havia registrado as seguintes premissas em seu já amarelado caderno preto:

"*Muita gente confunde intuição com instinto.*

Essa confusão ocorre porque a intuição realmente não depende de raciocínios conscientes e elaborados. Ela é tão espontânea quanto os instintos.

Todavia, é importante distinguir, nos seres humanos, uma coisa da outra. Todos os animais têm os mesmos instintos do homem. Em muitos deles, alguns desses instintos são até mais desenvolvidos do que no próprio homem.

Mas, nenhum animal tem – tanto quanto sabemos – a Intuição do ser humano.

O que chamamos de Intuição é o raciocínio rigorosamente abstrato; a capacidade de gerar ideias, conceitos e respostas para situações e problemas, totalmente à margem de dados e fatos concretos extraídos de quaisquer fontes de consulta, totalmente à margem de informação e conhecimentos específicos disponíveis em níveis conscientes de nossa mente.

Nossa Intuição, sediada no sistema cerebral superior, no polo de aptidões que identificamos como N (norte), é um impulso supraintelectual.

Nossos instintos, armazenados no sistema cerebral inferior (viscerais) estão nos alicerces, extremamente sólidos e fincados na terra, de um edifício muito alto que demorou milênios para ser levantado. Nesse edifício, a Intuição estará em uma delgada torre, ainda em obras, acima do último andar.

Nos alicerces e subsolo desse edifício estão todas as máquinas e instalações que fornecem continuamente ar condicionado, água, energia elétrica e outros insumos para a grande empresa que funciona nesse prédio.

Nos andares estão os escritórios e departamentos de criação, arte, engenharia, produção, administração, segurança, finanças, informática, relações humanas.

Na torre, uma antena capaz de captar mensagens novas e desconhecidas de todo o universo, mas cujo funcionamento ainda não entendemos direito, nem controlamos.

Chame esse edifício de homem e terá um vislumbre de todas as aptidões que você utiliza todos os dias, dos mecanismos do subsolo que trabalham para você automaticamente e das instalações ainda pouco compreendidas de sua "antena" que captam informações e geram dezenas de outros fenômenos de recepção e transmissão de informações em períodos e momentos fora de seu controle consciente".

Agora ele e Samy estavam exatamente em frente ao Burj Khalifa Bin Zayid, o edifício mais alto do mundo com 163 andares e 828 metros de altura, ainda não concluído, com obras em seus últimos andares e em sua antena, e, ainda nessa oportunidade, destinado a chamar-se Burj Dubai. Torre Dubai.

Não poderia haver imagem melhor para ilustrar a alegoria de Adão sobre a humanidade, seu passado e seu futuro.

Dubai se mostrava um sitio ideal para pensar no encontro entre o passado e o futuro – uma vila de pescadores às margens do Golfo

Pérsico na península arábica desde mais de 6.000 anos a.C. e, agora, a cidade mais futurista do planeta, com quatorze dos cem edifícios mais altos do mundo e com uma arquitetura surpreendente entre as edificações árabes tradicionais e os palácios de vidro com as mais ousadas formas.

Adão lançou suas primeiras especulações sobre o acesso à intuição:

"No edifício humanidade certamente existe uma ligação direta entre o subsolo e a antena da torre, como se fosse um fio terra em uma instalação elétrica. No homem, uma ligação direta entre seus instintos e sua intuição. Um eixo central, um núcleo, uma alma, passando pelo centro de todos os polos de aptidões e ligando suas origens animais com seu futuro espiritual.

Você precisa tirar partido dessa ligação para enfrentar o desafio de desenvolver uma aptidão ainda tão pouco conhecida e compreendida como a Intuição.

A Intuição pode ser excitada e acionada por qualquer dos cinco sentidos cientificamente reconhecidos como a visão, a audição, o tato, o olfato e o paladar.

Mais do que isso, ela se abastece com grande frequência de informações trazidas por vias extrassensoriais costumeiramente identificadas como "o sexto sentido".

Você aprendeu, desde seu nascimento, a utilizar seus sentidos: olhar para ver, apurar os ouvidos para ouvir, chegar mais perto e tocar para sentir, aproximar das narinas e colocar na boca para identificar aromas e sabores.

Já sabe que você ouvia e sentia, mesmo quando estava ainda no ventre materno. E que não passou sequer uma hora de toda sua vida sem exercitar todos os seus sentidos.

Mas você não aprendeu a usar, nem a exercitar, seu sexto sentido. Nem sabe se ele existe, onde vive ou como se chama.

Qualquer que seja o nome que se dê a essa capacidade: sexto sentido, percepção extrassensorial, vidência, mediunidade – os relatos sobre sua manifestação contam-se aos milhares".

Percorrendo a extensa literatura na área, Adão certificava-se que o mais difícil em todos os relatos tinha sido, sempre, separar o joio do trigo.

Identificar os casos nos quais se pudessem reconhecer manifestações de poderes incomuns do ser humano e separá-los dos muito mais numerosos casos identificáveis como alucinações, traumas, transes hipnóticos, transes histéricos, truques ou, mesmo, charlatanismo puro.

Adão viu que a própria literatura espírita tratava de alertar as comunidades de seguidores da doutrina tanto para a existência de falsos médiuns quanto para a existência de médiuns verdadeiros, mas inconscientes ou inconsequentes, desorientados ou mal intencionados.

Entrar no mérito da doutrina não era o objetivo de Adão nessa jornada. Ele queria, apenas, saber se o homem tem ou terá, em algum momento, um sexto sentido específico para identificar fenômenos fora do alcance dos cinco sentidos tradicionais.

O Rei e Eu

Adão brincou quando Samy perguntou qual era o regime de governo na atual Tailândia, antigo Sião, enquanto rodavam de taxi do aeroporto para o hotel, na misteriosa Bangkok.

– Não tenho certeza. Só sei que quem manda aqui é o Yul Brynner.

A brincadeira referia-se ao tema da opereta Anna e o Rei do Sião que teve três versões cinematográficas de sucesso, uma em 1946, estrelada por Irene Dunne e Rex Harrison, outra em 1956, com Deborah Kerr e Yul Brynner e a última em 1999, com Jodie Foster e Chow Yun-Fat.

Adão lembrou-se da versão em que o careca Brynner, realmente vestido a caráter, apresentava a personificação mais convincente do Rei Mongkut, tarefa fácil para competir com Rex Harrison que parecia um lord Inglês, mas muito complicada para rivallizar com Chow, o único que tem, realmente, o tipo físico do tailandês.

Em Bangkok e na antiga capital do Sião, Ayutthaya, Adão e Samy tomaram o primeiro banho de budismo dessa rota.

Ouviram, incontáveis vezes, a história do jovem príncipe hindu, Sidarta Gautama, filho de um rei da casta dos guerreiros sakyas que viria a ser o fundador do budismo.

Adão teve a ideia de entrevistar Sidarta para filtrar, de tudo o que havia lido e ouvido, essencialmente os capítulos de seu interesse para identificação da divindade e dos poderes quase divinos do homem.

É claro que só poderia fazer isso com sua imaginação.

No templo do Budha de Esmeralda – o mais impressionante de todos na cidade de Bangkok com centenas de imagens do "iluminado" em dezenas de posições diferentes, Adão escolheu um posto ao fundo de uma varanda aberta para um pátio central de onde podia divisar toda uma coluna de estátuas douradas em sua típica postura contemplativa.

Ali, recostou seu corpo, fechou os olhos e lançou a primeira pergunta:

– Sidarta, qual é a sua proposta?

Nenhum dos budas da coluna respondeu.

Adão apertou os olhos já fechados e visualizou-se sentado no chão, à sombra de uma árvore frondosa, em frente a um ainda jovem e esquálido Sidarta Gautama.

Distraiu-se um pouco de seu objetivo pensando por que a imagem do Buda gordo havia se popularizado tanto, na China e no Japão. Lembrou-se da alusão a Chang Dingzi, um popular monge chinês do século X, gordo e sorridente, que teria inspirado essa imagem, e da possível alusão a Hotei, um dos sete deuses da sorte no Xintoísmo para cujos praticantes o ventre largo não seria um indício de obesidade, mas um símbolo de satisfação.

Repetiu a pergunta para o Buda magro, à sua frente:

– Sidarta... você pode me dizer qual é a sua proposta?

Desta feita, ouviu claramente a resposta:

– Como fim, a busca do Nirvana. Como meio, a compreensão do propósito maior da vida no mundo.

– Você disse Nirvana?

– A paz total e a acomodação espiritual com o universo fundamentada na certeza de que cumprimos bem nosso papel.

A primeira coisa que aprendi quando deixei para trás os confortos e a segurança do palácio de meus pais para iniciar a peregrinação que duraria toda minha vida é que existe uma única senda natural para que o homem percorra seu tempo de passagem pelo mundo, aquela que leva do nascimento até a morte, através do envelhecimento. E o envelhecimento e a morte são duas realidades com as quais o homem nunca se conformou.

Esse caminho, por sua vez, tem apenas dois ramais capazes de encurtá-lo. A senda da doença, sofrimento e dor, e a senda da saída de emergência, providenciada por morte súbita.

Adão sabia que Sidarta havia tomado consciência disso ao longo de quatro encontros (em locais conhecidos pela cultura budista como "quatro pontos"), nos quais viu o sofrimento das pessoas comuns, encontrando um homem velho, um outro doente, um cortejo fúnebre e, finalmente, um ascético *sadhu*, contente e em paz com o mundo. Essas experiências levaram Gautama a dar as costas para a vida material e partir em busca de uma vida espiritual.

– Você não está à procura de Deus?

– Deus? Não. Deus está além – muito além – do universo de conhecimento do homem. Não podemos tentar descrever Deus e muito menos qualificá-lo, enunciar ou compreender seus propósitos. Só conseguimos vê-lo porque ele se manifesta todo o tempo, por todos os meios. E só o que podemos fazer em relação a Deus é aceitar os seus desígnios – quaisquer que eles sejam – sem a pretensão de categorizá-los. Muito faremos se conseguirmos entender nosso próprio propósito, a partir do momento em que fomos brindados com a capacidade de questionar isso.

Eu nunca estive procurando Deus. Iniciei minha procura pela luz do próprio homem aos vinte e nove anos de idade e só alcancei a iluminação aos quarenta.

– Como Buda, você mesmo não é uma espécie de deus?

– Ao longo de meus cinquenta anos de pregação, sempre enfatizei que não era um deus, nem seu representante ou profeta. E que a capacidade de se tornar um buda pertencia a todos os seres humanos.

A frase: "A capacidade de se tornar um Buda pertence a todos os seres humanos" levou Adão de volta ao objetivo dessa sua "conversa" com o fundador da doutrina professada por mais de 350 milhões de seguidores em todo o mundo.

Afinal de contas, a imagem do SABE, referindo-se aos poderes quase divinos do homem poderia servir muito bem para definir "o iluminado".

Hiperestesia dos sentidos

O horizonte nunca estivera tão distante como nessa segunda-feira, 16 de abril.

Apoiados sobre uma murada no mirador da World Heritage Plaza, diante das "Three Sisters" em primeiro plano e das escarpas das "Blue Mountains" ao longo de mais de 180 graus no horizonte, Adão e Samy contemplavam os vales e os precipícios abaixo da posição em que estavam e estendendo-se até a vista não mais alcançar, por mais de um milhão de hectares de falésias de arenito.

Esse sítio turístico, a poucos quilômetros a oeste de Sydney, é um dos mais populares da mais popular cidade australiana.

Adão fixou seu olhar no ponto mais longínquo possível usando como referência um ondular de sombras brancas, menor do que a ponta de um dedo, que contrastavam com o verde da mata a perder de vista.

Tentou ouvir, mas o único som que distinguiu foi o do vento roçando em suas orelhas. Forçou mais a vista, apertando as pálpebras, e sua mente foi inundada por um suave, mas claramente inteligível crepitar, deixando em segundo plano o ruído muito mais alto dos comentários das dezenas de turistas ao seu redor.

Com os olhos e ouvidos focados nas sombras ondulantes daquela paisagem, Adão percebeu que capturava as imagens e sons de um pequeno incêndio na floresta, a não menos do que vinte quilômetros de distância!

Esse fenômeno não era nenhuma surpresa para Adão que estava apenas repetindo o experimento que fizera na véspera, durante o concerto da Sydney Symphony Orchestra na Opera House de Sydney:

focava seu olhar em um músico da terceira ou quarta fila e ouvia seu instrumento em destaque – quase que isolado do resto da orquestra.

Quando queria ouvir a voz de uma das cantoras do coral, no fundo do palco, focava seu olhar diretamente no rosto dela. A fantástica acústica daquele teatro maximizava o efeito desse recurso trazendo o som da voz da cantora para primeiro plano em seus ouvidos.

Na verdade, Adão se acostumara a fazer isso desde os tempos da faculdade e incentivava seus colegas a fazer o mesmo, obtendo sempre uma resposta positiva de todos para o resultado.

Mas, naquele tempo não se preocupara muito em pensar a respeito dessa artimanha ou o que quer que fosse. Nem ela tinha nome.

Agora, em sua peregrinação com rigor científico em busca dos poderes ainda não revelados da mente humana, parava para analisar o assunto: Hiperestesia? Magnificação dos sentidos?

Atravessando a vasta literatura nas áreas da parapsicologia e do espiritismo, Adão já havia cruzado várias vezes com a proposta da hiperestesia como um fenômeno "extranormal" de conhecimento. E estava convencido de que, muitas pessoas, em muitas oportunidades, viviam experiências de magnificação de seus sentidos.

Mas, em nenhum momento pensou em incluir essa capacidade, por mais destacada que fosse, na área pós-cortical, na área dos "poderes quase divinos" do homem.

Para ele, parecia claro que, ao longo de todo o processo evolutivo ou de adaptação às pressões do meio ambiente, os cinco sentidos sempre estiveram no polo límbico (medular) do sistema nervoso central, dirigidos, instintivamente e antes de mais nada, para a garantia da sobrevivência imediata. O homem ancestral e pré-histórico enxergava – e precisava mesmo – enxergar melhor do que o homem contemporâneo. Ouvia melhor do que ele. Tinha um olfato e um paladar capazes de, à primeira aproximação, distinguir um alimento de um veneno, e era muito mais sensível ao frio, calor, umidade, movimentos da brisa e outras circunstâncias ambientais.

Tinha, certamente, o sono mais leve e todos os sentidos mais aguçados.

A ciência já sabe e reconhece que, tanto pela presença de instrumentos luminosos e sonoros mais possantes e de amplificadores dos sentidos tecnicamente mais eficazes, o homem exige menos de seus sentidos e reduz suas aptidões sensoriais.

A TV e os home theaters, em casa. O raio-x, a tomografia, os ultrassons, a ressonância magnética, a ecocardiografia nos consultórios e hospitais. Os médicos tocam cada vez menos em seus pacientes. Até olham cada vez menos para eles.

A função de diagnóstico, nas áreas da saúde tanto quanto nas áreas dos negócios, que envolve os pré-requisitos de olhar, ver, ouvir e sentir melhor, apoia-se cada vez menos nos cinco sentidos do homem.

De qualquer forma, Adão identificava a perspectiva de refinamento de todos os sentidos através da interferência neocortical em sua movimentação.

Ele sabia que tanto as imagens quanto os sons e os odores só são percebidos pelo homem no momento da recepção e, nunca, no momento da emissão.

Isso, que sempre foi óbvio para o tato e para o paladar, chama a atenção para o fato de que o "alcance" de uma mensagem – luminosa ou sonora – não depende do alcance da visão ou da audição, mas de sua sensibilidade.

Lembrou-se de sua mocidade, antes de entrar na faculdade, quando ouvira de um técnico em eletrônica o comentário sobre um anúncio de um rádio receptor que afirmava ter mais alcance: – Os rádios não tem mais ou menos alcance, dizia ele. O alcance depende da antena da emissora. Os receptores podem ter maior ou menor sensibilidade.

Adão notava que o mesmo acontece com nossos receptores. Eles captam vibrações, luminosas ou sonoras, por exemplo, quando elas chegam a nós. Não importa se tenham sido emitidas há mais ou menos tempo. De mais perto ou de mais longe.

A questão é saber se podemos captá-las, e a resposta é que isso depende da acuidade de nossos sentidos.

Dessa acuidade é que provém o conceito de sensitivos ou médiuns que, a rigor, identifica pessoas com capacidades exacerbadas de ver melhor ou ouvir melhor, ou sentir melhor, tanto quanto as pessoas que imaginam ver coisas ou ouvir coisas, ou sentir coisas.

Adão lembrou-se que a absoluta maior parte de todos os "médiuns" que chegaram a ser famosos no mundo inteiro, em diferentes épocas, eram espíritas e atribuíram sempre a origem das coisas que ouviam, viam ou sentiam, aos espíritos dos mortos.

Em suas pesquisas sobre o desenvolvimento da inteligência e das aptidões do ser humano, Adão estava certamente muito mais interessado no espírito dos vivos e na comunicação entre eles do que na comunicação entre vivos e mortos.

E muito mais interessado, também, na possibilidade de, através da maior acuidade dos sentidos, o homem poder ver melhor, ouvir melhor e sentir melhor quaisquer fenômenos físicos, a qualquer distância, como o pequeno foco de incêndio nas matas das "Blue Mountains".

Xenoglossia

Adão não imaginava reencontrar os Celtas tão cedo.

É claro que, viajando para o extremo norte da Grã-Bretanha, além de Edimburgo, já se aproximando do Lake Ness, ele sabia que iria encontrar até placas de sinalização escritas no idioma celta.

Mas não eram os Celtas que ele e Samy procuravam. Queriam conhecer a Escócia e os Escoceses, as highlands e o próprio Lago Ness.

Sabiam que iriam encontrar muitos descendentes daqueles Celtas que Adão conhecera na Galícia, mas certamente não esperavam encontrar os próprios mais de 2.300 anos depois.

– Você está sonhando acordado novamente – comentou Samy, quando Adão mostrou e identificou o grupinho atravessando a rua. Celtas? Nem Escoceses são! São turistas Alemães.

– São Galegos. De origem Celta. Quer ver?

Adão e Samy dirigiram-se ao grupo cumprimentando-os em Português.

Eles responderam com grande alegria, falando galego, e, na conversa que se seguiu, confirmando sua origem celta.

Adão não contou que já os conhecia porque Samy sabia que ele sonhava acordado, mas o grupo iria achar que ele era louco. De pedra. Com toda certeza.

Mas o fato era que os conhecia. Havia convivido com eles na província Hispânia, Galícia, desde mais de 300 anos a.C. Conhecera sua língua e seus costumes.

Sem querer, na continuidade da conversa, Adão soltou algumas palavras no idioma celta, misturadas com as palavras em galego que estavam usando. Pela expressão aparvalhada de todos, percebeu e corrigiu imediatamente sua falha.

Mas, tanto ele quanto Samy perceberam que algo estranho havia acontecido. O quê?

Só à noite, no hotel, tocaram no assunto:

- Adão, o que foi aquilo?

- Celta.

- E você fala Celta?

- Não, mas já falei; hoje está no inconsciente.

- Estamos falando do QuaD?

- Bom, Samira, tanto quanto sei e entendo, todas as nossas memórias, inclusive as memórias ancestrais estão, bite por bite, em nosso subconsciente e inconsciente. Isso é o que explica, entre outras coisas, os milhares de relatos de pessoas falando ou escrevendo em idiomas que não conhecem, inclusive crianças e analfabetos. Chamam isso de Xenoglossia.

- Entendo que você está se referindo aos poucos casos reais entre os milhares relatados? - agregou Samy.

- Sim, aos casos de informações do inconsciente que "escapam" ou afloram fora de nosso controle consciente.

O que estou entendendo e registrando como "poderes quase divinos" é o controle voluntário do acesso a essas informações, como se eu pudesse falar celta na hora que quisesse ou lembrar-me de um episódio que um ancestral remoto viveu na pré-história ou na era dos grandes descobrimentos marítimos.

- Isso, para mim, parece mais do que "quase divino". Você já anotou em seu leque?

- Está aqui, Samy. A segunda lâmina da direita. "Acesso à memórias inconscientes". Lembra-se de nossa visita a Pompéia?

- Como se fosse ontem.

- Lembra-se do meu show de conhecimento sobre Pompéia?

- Pois é. Eu e as crianças ficamos em estado de choque!

- E eu também - confessou Adão. Só no dia seguinte, rememorando algumas das coisas que eu disse naquele dia, me dei conta de que não sabia quase nada daquilo, conscientemente. Hoje percebo que eram informações que estavam em meu inconsciente.

– Mas, como isso era possível se você nunca tinha estado em Pompéia, nem estudado o assunto em detalhes?

– Certamente algum antepassado meu fez isso, ou ouviu a mesma narrativa que eu ouvi dos lábios de um morador da cidade de Pompéia.

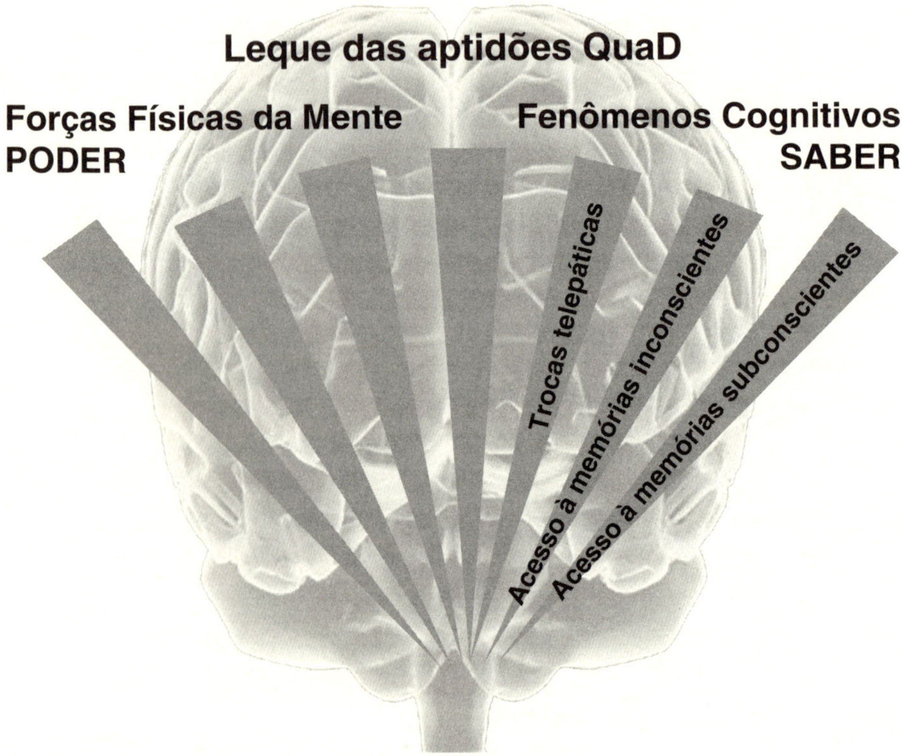
Leque das aptidões QuaD
Forças Físicas da Mente
PODER
Fenômenos Cognitivos
SABER
Trocas telepáticas
Acesso à memórias inconscientes
Acesso à memórias subconscientes

Eu, Maori

Adão estava deitado na praia, em decúbito dorsal. Isto é, de barriga para o ar, com os olhos semicerrados.

Sentia-se gordo, via-se gordo, com uma pança avolumada e roliça. Via-se moreno escuro com os cabelos longos e uma tanga no lugar do que deveria ser um calção de banho.

Não era ele. Mas era ele. Perto do ano 1.300 d.C., em uma praia da ilha norte em um remoto arquipélago no oceano Pacífico chamado Aotearoa ("A Terra da Grande Nuvem Branca").

Quando fechou os olhos, tangido pelo sono, sentiu o solo estremecer no ritmo do pavoroso ronco vindo do seio da terra. Abriu os olhos para ver a maré com ondas muito altas avançando em direção à praia impulsionada pela elevação de um cone negro no horizonte distante.

Levantou-se de um salto e pôs-se em desabalada carreira em direção aos terrenos mais altos da ilha.

Mas, suas pernas não tinham competência para disputar corrida com as ondas que avançavam.

Todos os dinossauros passaram por ele como flechas.

E, antes que a maré os alcançasse, gritou a plenos pulmões: – Sueliii!

E acordou.

– Sueli? – perguntou Samira. – Quem é Sueli?

Adão rolou para fora da cama, sem pensar em responder, e olhou pela janela do hotel em que estavam hospedados em Auckland.

Lá estava ela, a ilha de Rangitoto, o cone negro que aflorara do oceano há pouco mais de setecentos anos, não muito tempo depois da chegada dos polinésios à Nova Zelândia.

O susto pagou uma recompensa alta. Agora ele sabia – ou se lembrava – quem era Sueli. Linda, alta, forte e coxuda. Sua primeira namorada. Em sua primeira vida.

No dia em que parecia que o mundo havia acabado.

Contou tudo para Samira, desde o impacto do meteoro até o tropel de dinossauros no Museu de História Natural em Nova York.

E Samira sabia que era tudo verdade.

Porque acompanhara, dia a dia, as incursões de seu amado pelos labirintos entre o improvável e o fantástico.

Nessa mesma manhã, eles embarcariam em uma excursão para a cidade de Rotorua, poucos quilômetros ao sul de Auckland, com uma população de umas 60 mil almas, a maior parte da qual Maori.

Seu objetivo em Rotorua era visitar o parque termal Te Puia, uma antiga aldeia Maori, concentrando, em um único sítio, geizers de água fervente e vapor, além de afloramentos de lama fervente.

Para Adão, era a imagem que representava de maneira dramática os afloramentos de informações do subconsciente e do inconsciente e sua acidentalidade.

Ele desenvolvia, cada vez mais, a certeza de que a capacidade de resgatar a seu bel-prazer essas memórias seria a aptidão capaz de abrir para a humanidade as portas do Saber universal tão logo fosse coroada com a capacidade de receber de outros e de transmitir para outros, telepaticamente, essas informações.

De mente para mente

Adão e Samira ainda não sabiam disso conscientemente. Mas, suas viagens, desde o dia em que Adão, contemplando a cúpula da Basílica de São Pedro, no Vaticano, decidira sair à procura dos "poderes quase divinos" do homem, estavam sendo determinadas pela procura de pontos altos, tanto no que se refere à altura física quanto ao destaque ou importância do local.

As viagens continuavam a ser marcadas pela visão do "Magic Carpet Ride" com seus novos e fantásticos pontos de vista e horizontes.

Assim tinha sido na viagem para Dubai e Bangkok; para a Austrália, Nova Zelândia e Escócia. Assim seria para Victoria Falls e Rio Zambezi, na África; para o Ten Thousand Budha's em Hong Kong; para Macau, Tokyo, Monte Fuji e Bab al Shams , no deserto arábico. E, agora, para Cape Town, como uma escala para a Índia com foco no Taj Mahal.

E, em todas essas viagens, mesmo nesta, agora, na Cidade do Cabo, ao nível do mar, procuravam sempre os pontos mais altos. Passaram quase metade do dia no topo da Table Mountain e, na manhã seguinte, logo às cinco horas, embarcaram em uma van para a cidade de Paarl, alguns quilômetros ao norte, para a viagem mais parecida com o voo no Tapete Mágico de Aladim.

Nessa viagem, Aladim chamava-se Udo e o tapete mágico Hot Air Balloon. O voo do balão trouxe de volta à cena aquela Samy heróica da descoberta do fogo, agora apressando-se em ajudar a desenrolar o enorme balão e a manter sua boca levantada, enquanto um big ventilador à gasolina insuflava ar frio para armar o pião de seda, antes que os aquecedores a gás fossem acesos para levantá-lo do solo.

A partir desse momento, sob um silêncio absoluto só interrompido em pequenos intervalos pelo soprar das chamas do fogareiro, o balão flutua, talvez deslize mesmo, como o tapete voador.

Ali, Adão sentia falta da telepatia e entendia como e porquê, há anos passados, um balonista houvesse se comunicado com ele durante sua viagem pela Route 66.

E soube, sem sombra de dúvida, que só a telepatia poderia ser capaz de transmitir as sensações daquela viagem.

Com a linguagem verbal, é possível escrever, ou melhor do que isso, dizer, com toda a emoção, que o balão simplesmente flutua, ou desliza.

Mas, nenhum de seus leitores ou ouvintes sentirá o que você está sentindo.

Na comunicação telepática, você colocará cada receptor de suas mensagens exatamente em seu lugar, sobrevoando exatamente aqueles vinhais na África do Sul, sob exatamente aquela luz, exatamente em seu tempo e exatamente em suas emoções.

Adão lembrou-se dos corneteiros no lago de Lucerne e de seu primeiro vislumbre da "comunicação perfeita" quando não havia palavras para mentir, e percebeu de imediato que, na comunicação telepática, não haverá mais a possibilidade de mentir, nem, consequentemente, a necessidade.

Apressou-se em anotar "Trocas Telepáticas" no seu leque das aptidões QuaD, entendendo o alcance realmente "divino" dessa capacidade.

Nesse momento ele não sabia disso, mas, em sua próxima parada, teria a oportunidade de testar e exercitar essa aptidão ao vivo, em cores e em três dimensões.

Ten Thousand Budha’s

Subir os degraus da escalada até o alto do Monastério conhecido como Ten Thousand Budha’s fazia parte do projeto de Adão e Samy para sua estada em Hong-Kong. Mas, teria ficado no projeto, não fosse a costumeira valentia de Samy.

Eram apenas 420 degraus, mas essa informação não estava anotada no sopé da montanha a subir, posição de onde eles podiam ver os degraus serpenteando morro acima, com uma fileira interminável de budas em tamanho natural e compleições físicas as mais diferentes imagináveis, dos dois lados da escadaria, até desaparecer de vista em uma curva mais acentuada.

– Quantos degraus você acha que são, Samy?

– Não importa, vamos subir de qualquer jeito!

– E se forem mais de mil?

– Vamos subindo devagar. De qualquer maneira, chegaremos lá.

* * *

E chegaram a uma extensa praça com construções e figuras do hinduísmo e do budismo. Logo que entrou no templo central dessa praça, Adão se viu cara a cara com Ian. Não se parecia com o Ian que Adão conhecera. Este tinha uma cabeça enorme, com dois globos oculares também enormes, braços e pernas mais longos e mais finos do que o normal e dedos das mãos também muito mais longos.

Ele se parecia exatamente como os E.T.’s do filme de Spielberg “Contatos imediatos de Terceiro Grau” e Adão não o teria reconhecido não fosse pela cor dos olhos, pelos cabelos louros e encaracolados, mais ralos do que os originais, cobrindo toda a enorme cabeça e, é claro, não fosse sua inconfundível voz, e pelo fato de Adão saber, de antemão, que era ele mesmo, que estava ali, naquele momento: o cavalariano polonês da Segunda Guerra Mundial, na queda de Varsóvia, o último corpo que Adão havia ocupado antes de sua vida atual.

– Bem-vindo ao futuro, Adão – disse ele, tocando o ombro esquerdo de Adão com os dedos longos e finos de sua mão direita.

Adão não ficou em choque como se poderia esperar. Ele reagiu simplesmente como se encontrasse um velho conhecido.

– Ian! Sua cabeça... está parecendo a dos mais de dez mil budas que nos cercam aqui. O que aconteceu?

– Você sabe melhor do que eu, Adão. Nossa evolução vem substituindo, cada vez mais, as estruturas e aptidões físicas do ser humano por aptidões intelectuais e espirituais. Nosso corpo está se tornando secundário em relação ao nosso cérebro. Estamos perdendo massa física e ganhando uma maior dimensão espiritual.

Acredito que, dentro de mais algumas centenas de milênios de evolução, vamos nos transformar em espíritos puros.

– Etéreos? – arriscou Adão.

– Sim, etéreos. Como eu vejo e acredito – emendou Ian.

– E, antes que me esqueça, o que você está fazendo aqui em cima? – lembrou-se de perguntar Adão.

– Você me convidou todo o tempo enquanto subia todos os 420 degraus. Eu aparatei direto do meu mundo e do meu tempo para cá.

– Você veio de outro mundo? E do futuro?

– Vim de onde eu vivo. E de quando eu vivo. Mas, na verdade, eu nem estou aqui. Nossos cérebros é que estão em contato direto. Creio que você chamou isso de "trocas telepáticas".

– Fantástico! Mas, agora fiquei um pouco confuso. Tenho dito que o futuro não pode ser visto por ninguém, porque ainda não existe. Mas, se pudermos nos comunicar além das barreiras do tempo, poderemos conhecer o futuro!

– Me desculpe, Adão. Você não está conhecendo o futuro. Está, apenas, imaginando uma de suas possibilidades.

– Imaginando?

* * *

– Adão! Acorde!

Desta vez, os dedos em seu ombro eram os de Samira tirando -o do torpor que o acometera enquanto ele contemplava, em silêncio, no templo em que estavam, o corpo de seu criador e construtor, embalsamado com laca chinesa, pintado com folhas de ouro, vestido com túnicas e sentado em posição de lótus dentro de uma caixa de vidro, hermeticamente selada, em frente ao altar principal.

– Trocas telepáticas! Isso explica tudo na área dos fenômenos cognitivos do Saber – pensou Adão, dizendo:

– Samy, já temos tudo que precisamos para o lado direito do nosso leque do Saber.

Em nossa próxima parada, vamos abrir as lâminas do Poder.

– Prá onde vamos agora?

– Que tal conhecer uma das maiores forças físicas de nosso planeta?

– Forças físicas?

– É. No lado do Poder, o lado esquerdo do leque das aptidões QuaD, vou escrever "Forças Físicas da Mente" e reservar três lâminas para identificar e descrever essas "forças", dentro de uma sequência lógica de evolução, começando da mais fácil de exercer para a mais difícil.

– Tem coisa fácil aí? – brincou Samy.

– Certamente que não, mas, se pudermos continuar copiando a natureza, acho que chegaremos lá.

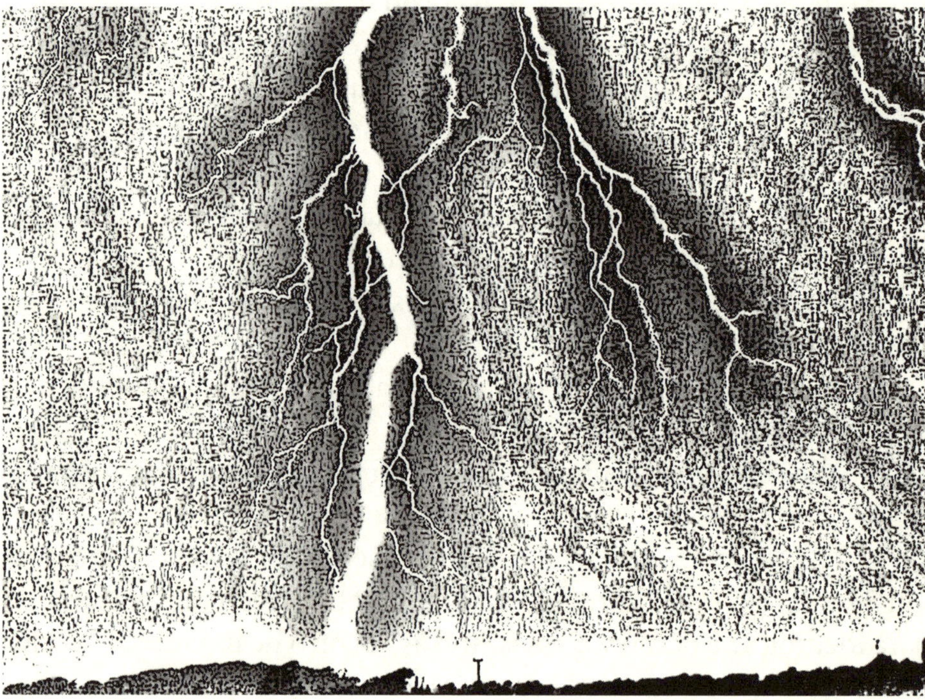

As forças da natureza

Adão já havia lido bastante sobre as "Forças Físicas" da Mente; sobre a capacidade do cérebro humano de produzir e emitir luzes e sons, fenômenos identificados como fotogênese e tiptologia; sobre a capacidade de movimentar objetos à distância – a telecinesia; de produzir fogo – a pirogênese; e mais uma série de outros fenômenos agrupados sob a nomenclatura geral de telergia.

No entanto, enfrentava uma enorme relutância pessoal para anotar os exemplos de manifestações dessas capacidades, sobre os quais lera, como característicos das "Forças Físicas" da mente que ele via como "quase divinas" e que, dentro de muitos milênios por vir, ombreariam o homem ao Criador.

Ele se perguntava se e por quê o homem usaria esses poderes para fazer, sempre – ou na absoluta maioria das situações e oportunidades, dentro das dezenas e dezenas de casos sobre os quais lera – coisas absolutamente inúteis, como produzir bolinhas de luz, pancadas ambientais, flutuação de mesas ou movimentação de copos e outros objetos de pequenas dimensões.

Para ele, as "forças físicas" da mente tratariam de ombrear-se com as forças maiores da Natureza. Com as capacidades de Deus.

E, por mais que ele desejasse aceitar de bom grado as experiências anotadas na literatura, permanecia absolutamente convicto de que Deus jamais se ocuparia de coisas tão pueris.

Resolveu conversar sobre isso com o professor Módena:

– Módena, quais, você acredita, sejam as Forças Físicas da Mente?

– Forças Físicas da Mente? Essa não é sua seara?

– Desculpe a pergunta. Eu queria fazer um paralelo entre as forças da mente e as forças da natureza.

– Forças da Natureza, eu sei: gravidade, eletromagnetismo, forças fracas e forças fortes.

– Forças fracas ?

– Forças fracas são aquelas que explicam os processos de decaimento radioativo, tais como o decaimento beta nuclear, o decaimento do pion, do muon e de várias partículas.

– Módena, pode ser sem gozação?

– Sem gozação. Forças Fracas e Forças Fortes são as que ocorrem no interior dos átomos. As que nós podemos sentir, no dia a dia, são a gravidade e o magnetismo.

– Da gravidade, eu me lembro bem: "*Matéria atrai matéria na razão direta do produto de suas massas e na razão inversa do quadrado da distância entre elas*".

– É. Isso quer dizer que a atração entre dois corpos é tanto maior quanto maiores eles sejam e mais próximos se encontrem – acrescentou Módena.

– E o magnetismo?

– A força magnética ou eletromagnética, que em física se chama de interação magnética, pode dar origem tanto à atração entre os corpos quanto à repulsão entre eles.

– Já anotei isso também: os corpos com cargas elétricas opostas se atraem e os com cargas elétricas idênticas se repelem.

– É. Por aí. Com um monte de detalhes e consequências. Acho que o mais importante é anotar que a interação gravitacional se dá entre quaisquer partículas, a qualquer distância.

– Inclusive entre pessoas?

– Certamente entre pessoas e no sentido mecânico, mesmo.

– Quer dizer que, quando estou perto de outra pessoa, nossos corpos se atraem?

– É exatamente isso que acontece, e não precisa estar perto dessa outra pessoa. Você atrai qualquer corpo, vivo ou inanimado.

– Então eu posso mover objetos através de minha força gravitacional? – apressou-se Adão em perguntar.

– Atrair é uma coisa, colocar em movimento é outra. A força gravitacional é muito fraca, e seus efeitos, apesar de existirem em qualquer lugar, só são observados na interação entre corpos muito maciços, como dois planetas, por exemplo.

– A força gravitacional é fraca?

– É, de longe, a mais fraca de todas.

– Ainda assim, se pudéssemos controlá-la...

– A ciência está trabalhando nisso. Acredito que, no futuro, teremos veículos e naves espaciais movidos pela força gravitacional – emendou Módena.

– A evolução do homem também. Acredito que, dentro de alguns milênios, nem vamos precisar mais desses veículos – comentou Adão, rindo.

– De onde você tirou isso? – interessou-se Módena.

– Criei um leque com sete lâminas para encaixar no polo norte da elipse representativa da evolução das aptidões do homem – disse Adão mostrando o desenho para seu colega. Usei as três lâminas da direita para os fenômenos relativos ao Saber e reservei três lâminas no lado esquerdo para as Forças Físicas da Mente, relativas ao Poder.

– E o que vai nessas lâminas?

– Estamos rodando por aí, para descobrir. Nossa próxima parada é o Zimbabue.

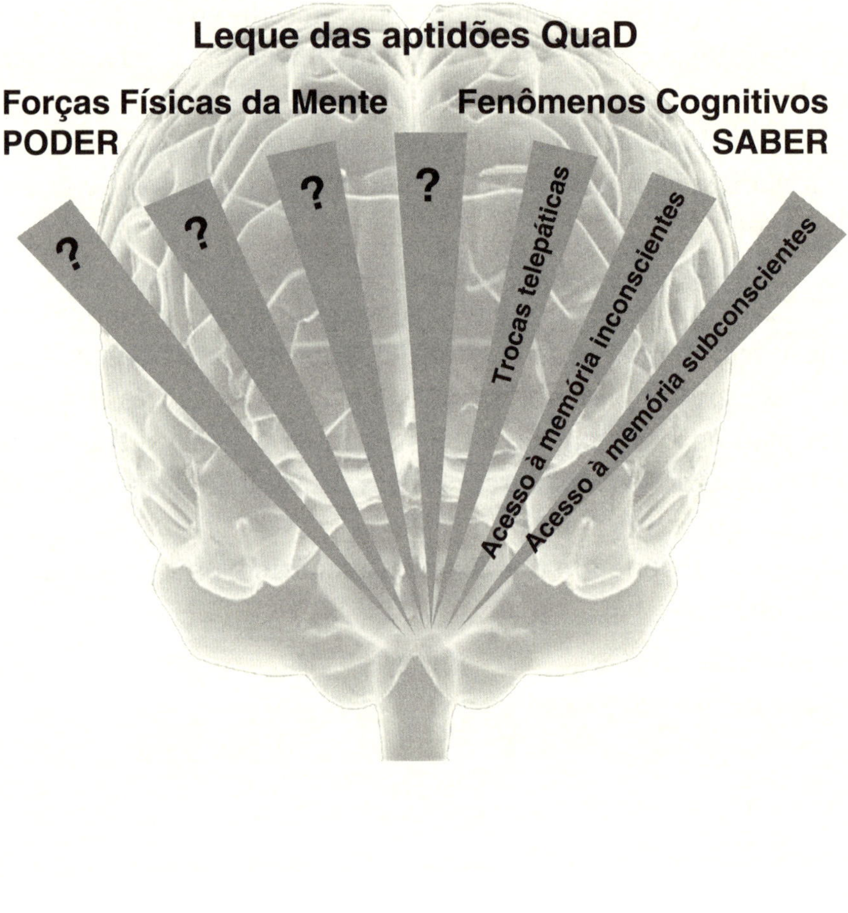
Leque das aptidões QuaD
Forças Físicas da Mente
PODER
Fenômenos Cognitivos
SABER
?
?
?
?
Trocas telepáticas
Acesso à memória inconscientes
Acesso à memória subconscientes

A fumaça que ruge

Sentados em um mesa para café ao ar livre, sob um sol calmo e gostoso, nos jardins dos fundos do centenário The Victoria Falls Hotel, Adão e Samy sentiam-se paralisados de emoção pelo espetáculo que assistiam de nuvens de fumaça elevando-se a dezenas de metros de altura para fora do vale à sua frente, dançando ao ritmo do rugido que parecia vir das entranhas da terra.

O Victoria Falls Hotel está plantado às margens da confluência entre a segunda e a terceira das sete espetaculares gargantas com mais de cem metros de profundidade e quase dois quilômetros de extensão que zigue-zagueiam na direção sudeste a partir das cachoeiras que se lançam sobre a margem norte do primeiro desses canyons de uma altura de 99 metros.

As Cataratas de Victoria, na fronteira entre o Zimbabue e o Zambia, são as maiores do mundo, comparáveis apenas às de Foz do Iguaçu entre o Brasil e a Argentina, no estado do Paraná, com 82 metros de altura, e às de Niagara, nos Grandes Lagos, entre os Estados Unidos e o Canadá, com 51 metros de altura.

Desde seu privilegiado posto de observação, Adão e Samy podiam ver, bem em frente, no contorno da primeira com a segunda garganta, a Victoria Falls Bridge, a ponte rodoferroviária de aço, em arco parabólico, construída pelos ingleses em 1905.

E, olhando mais à esquerda, seguindo o som, a Mosioa-Tunya ("a fumaça que troveja"), nome notório do fenômeno provocado pelos mais de 2.000 metros cúbicos de água por segundo explodindo sobre as pedras cem metros abaixo e levantando nuvens de gotículas de água para muito acima das bordas da queda.

Aí Adão encontrou uma imagem ideal para amparar os conceitos de "forças físicas" da mente que montou no lado esquerdo do leque de aptidões QuaD que havia desenhado.

A água, ao longo de milênios, havia esculpido um a um aqueles vales, da mesma forma como a mente humana vinha abrindo novos horizontes para uma civilização que começara com famílias ao redor de seus ninhos, vivendo simplesmente das dádivas da natureza e

que chegara a um estágio no qual, mais do que simplesmente conceber, temer e idolatrar um poder muito acima de suas forças e entendimento, desenvolvia capacidades de avaliar esse poder e de ampliar sua obra.

Adão lembrou-se da anotação que fizera sobre como o homem servira-se das matérias-primas colocadas à sua disposição pela natureza, para, através das artes e da ciência, promover a contínua transformação e o enriquecimento da obra do Criador, tornando-se ele próprio, um novo criador.

E imaginou que, ao longo do processo evolutivo, nos milênios por vir, o homem desenvolveria as capacidades de modificar a natureza usando, simplesmente, as forças de sua mente, com uma intensidade e amplitude tal que já não se pudesse mais distinguir a obra original do Criador das obras da criatura.

No entanto, tinha a certeza de que, antes de controlar o ambiente ao seu redor o homem teria de ganhar domínio pleno sobre seu próprio corpo.

Como ponto de partida para suas elucubrações e pesquisas, anotou, na primeira lâmina das "Forças Físicas da Mente", a expressão "Domínio do Corpo".

O resgate de Samira

No pé direito de Samira, o tênis branco, apontado para o alto, descreveu um arco das onze às treze horas e desapareceu nas águas brancas do Zambezi. Ela vestia um colete salva-vidas, como todos no barco.

Mas, estar com um colete salva-vidas no Zambezi é o mesmo que estar com esse equipamento dentro de uma máquina de lavar roupa.

Adão chegou a, instintivamente, estender seu remo para que Samira o agarrasse, mas ela não estava mais ali. Descia a correnteza com maior velocidade do que o barco.

A súbita aflição de Adão foi interrompida pela passagem rápida do caiaque de Philanim, que acompanhava o bote ao longo de todo seu percurso surfando muito mais rápido do que a correnteza.

Na contagem de trinta, ele já alcançava Samira.

E ela foi trazida para bordo, rindo alegremente.

Todos se espantaram com sua coragem, menos Adão que já a conhecia há tantos séculos. Abraçando-a dentro do bote, Adão lembrou-se dela arrastando aquele enorme galho de árvore e levando-o até a fogueira que ele e a tribo acabavam de levantar pela primeira vez depois de anos de noites de frio enregelante nas estepes africanas. E novamente espantou-se com esse instantâneo devaneio.

Olhou para os cinco remadores do bote de borracha que continuava a descer velozmente as corredeiras do "mighty Zambezi" e reconheceu os dentes de seus companheiros de tribo naquela noite.

Fixou a vista em seus olhos com a córnea avermelhada e pupilas brilhantes no centro de todas as íris castanhas e, agora, pareceu reconhecer neles Clóvis, Aristides e Atílio, o grupo representativo dos mais organizados da escola.

Dois deles, na verdade, estavam o tempo todo tratando de remar e aprumar o barco. Já o Atílio, além de remar, não tirava os olhos dos passageiros para ver se precisavam de ajuda. Ele havia ajudado Samira a descer pelas escadas estreitas e pedras até o ponto em que o barco inflável aguardava o início da aventura.

E tornou-se indispensável na jornada de volta ao alto da garganta, ao longo de uma escarpa íngreme de quase mil metros, levando Samira pela mão, todo o tempo, com a atenção de um filho dedicado.

Adão, com sua nova "ponte" no coração, era o motivo das preocupações de Samy, mas, parando umas dez vezes ao longo da jornada, chegou lá em cima inteiro.

Mais do que isso, Adão sentia que já não estava simplesmente à mercê das forças ambientais e de sua própria fisiologia; que já podia, e poderia, cada vez mais, controlar essas forças com os poderes de sua própria mente.

Se o fazia ou não, ou como, não sabia com certeza, mas acreditava nisso, com toda a firmeza.

Voltou ao desenho de seu leque de aptidões QuaD e confirmou a anotação "Domínio do Corpo".

Novamente seus pensamentos voltaram-se para a pergunta: – O que virá a seguir?

Especulou, anotando na lâmina vizinha a "Domínio do Corpo", a expressão "Domínio do Espaço".

As forças físicas da mente

Se você consegue imaginar como é estar em uma montanha-russa no momento em que seu carrinho, envidraçado para eliminar o vento, despenca de uma altura de mais de um quilômetro sobre uma pista de neve na encosta de uma montanha, talvez possa imaginar o inverso, subindo a encosta nevada, bem perto do solo, a bordo de um Cessna monomotor. E, ainda, saindo em looping para a esquerda ao atingir o topo da montanha, visualizando os 360 graus de picos nevados a seu redor, antes de contornar o vale abaixo e começar tudo outra vez.

Adão e Samy haviam voado de Auckland, no norte da Nova Zelândia, para Christchurch, mais de mil quilômetros ao sul, em um voo comercial da Jetstar. Agora estavam em um voo fretado sobrevoando os Alpes do Sul, no lado esquerdo da ilha.

O tour de duas horas, privativo para o casal, tinha sido previsto para ser feito por helicóptero, mas Adão e Samy descobriram que, em Christchurch, estavam a quatro mil dólares e a algumas horas de distância do Mount Cook, o pico mais elevado da Nova Zelândia com 3.754 metros, e das geleiras circunvizinhas de Fox e Franz Josef. Optaram pelo Scenic Flight de aeroplano, depois de explorar em voo de helicóptero toda a região de Christchurch severamente castigada por terremotos dois anos antes, deixando marcas impressionantes da força da natureza, que eram, nessa viagem, os focos das preocupações de Adão.

– As forças da natureza – pensara. Vamos conhecê-las de perto e descobrir como elas podem modelar o futuro.

Nos primeiros trinta minutos de voo até as geleiras, o Cessna sobrevoou, a baixa altitude, as geometricamente impecáveis construções do homem nas planícies entre o litoral leste e o litoral oeste: vinhedos, fazendas e plantações a perder de vista, entremeadas por lotes de criação de ovelhas e gado.

Nos minutos seguintes, deparou-se com as encostas dos Alpes do Sul e com as espetaculares trilhas de geleiras escorridas das montanhas em direção às planícies, por caminhos absolutamente erráticos e sem parentesco com nenhuma das figuras geométricas criadas pelo homem.

Ver, lado a lado, as obras criadas pelo homem e as obras criadas por Deus era mais do que Adão pensava encontrar. E inspiração plena para imaginar os talentos e poderes que ainda faltavam para o homem em sua jornada em direção aos saberes e poderes de Deus.

Pensou, imediatamente, nas "Forças Físicas" da mente e na capacidade humana de movimentar objetos, sem contato físico, utilizando apenas comandos mentais.

De todos os relatos e comentários que ele havia lido, já sabia que a maior parte dos casos eram fraudes, truques, ilusionismo e magia, por intrigantes que fossem.

Entre os casos que o conhecimento não conseguiu explicar, a maioria tratava de feitos únicos, de pessoas específicas, e, curiosamente, identificadas como portadoras de diferentes patologias mentais e físicas.

Adão não entendia esses poderes como "patologias" mas, sim, como desenvolvimentos extemporâneos ou precoces de aptidões provocados no cérebro por fatores físicos. De qualquer maneira, observou e anotou que um número significativo de pessoas portadoras de diferentes capacidades paranormais ou, eventualmente, "sobrenaturais" apresentavam algum tipo de anomalia física ou mental associada.

Ele comentou essa anotação com o professor Módena em um encontro de ex-professores do Colégio.

– Você está dizendo que as "Forças Físicas da Mente" existem e são doenças? – perguntou um deles.

– Doenças, não, um desvio de normalidade – emendou Adão.

– Um dia desses eu vi na televisão uma reportagem sobre paranormais, com capacidades mentais super-evoluídas para as matemáticas – comentou outro participante da reunião.

– Acho que todos nós temos informações sobre casos desse tipo – comentou Adão. Eu mesmo, quando era criança conheci um morador de rua que falava com grande dificuldade, mas realizava de memória, para qualquer pessoa que solicitasse, cálculos matemáticos, com operações em uma sequência ininterrupta:

– Duzentos mais setenta e dois, menos vinte e oito, multiplicado por treze, mais oitenta e cinco, menos quatorze, dividido por sete...

E oferecia a resposta correta, com as sobras, quando fosse o caso.

Era sempre espantoso e ninguém podia deixar de admitir que ele possuía dons muito além dos normais.

– E o caso de pessoas que controlam seus batimentos cardíacos e pressão sanguínea? Que parecem ter controle pleno sobre seu corpo e sobre sua saúde? – sugeriu o professor de Biologia.

– E o contrário, as pessoas que ficam fisicamente doentes por motivos exclusivamente psicológicos? – acrescentou o professor de Psicologia.

Adão saiu dessa reunião convencido de que precisava de ajuda para aprofundar-se nessa área.

Domínio do Corpo

Ali estava Samira, novamente em terras de seus antepassados. Só que, desta vez, em pleno deserto da Arábia, vestida à caráter e montada em um camelo, ao pôr do sol.

"Portal para o Sol" (Bab Al Shams) é o nome do hotel no deserto a menos de 50 quilômetros de Dubai que ela e Adão haviam escolhido para um parada mais de repouso do que qualquer outra coisa, no retorno de Tokyo.

Na prática, chegando ao fim de mais uma viagem em que a missão do companheiro era encontrar-se com Deus, Samira assumiu a iniciativa de conversar com um altamente recomendado "guia espiritual" chamado Hamed.

– *"Controlamos nosso corpo através de nossa mente e nossa mente através de nosso corpo.*

Podemos livrar-nos de estados de tensão relaxando o corpo, sentando ou deitando e respirando pausadamente (fingindo calma).

Podemos, da mesma forma, percorrer o caminho inverso. Podemos assumir um estado de grande agitação e até de ira, se nos fingirmos irados. Nossa pulsação vai subir, nossa respiração vai ficar truncada e nos colocaremos em um crescendo de nervosismo real e ira legítima.

Os movimentos espontâneos e bruscos (sem refinamento) são comandados pelos instintos. Eles dispensam a interferência dos mecanismos intelectuais deixando nos por conta do cérebro emocional.

O cérebro emocional, além de zangado, também é terno e romântico, alegre, triste ou lamurioso.

Fingindo que estamos tristes, assumindo pensamentos tristes e fazendo força para nos emocionar e chorar, conseguiremos, com muita frequência, nos emocionar e chorar de verdade.

Através da utilização da música, por exemplo, podemos tanto nos acalmar quanto nos excitar. O que acontece, na prática, é que a música pode invocar estados de grande calma e relaxamento emocional, tanto quanto sentimentos e emoções vigorosas, acessando os circuitos neocorticais (intelectuais) ou os circuitos emocionais. O fato é que podemos fazer ambas as coisas sem o auxílio externo da música, usando apenas nossa mente e nosso corpo para reproduzir os mesmos efeitos.

Uma experiência muito reveladora nesse sentido é a utilização de movimentos muito suaves, controlados e complexos, como, por exemplo, a movimentação simultânea, em câmara lenta, das articulações dos ombros, cotovelos, punhos, mãos e dedos em diferentes direções e amplitudes, acompanhada por respiração pausada.

Você verificará que está fazendo um tipo de movimento que nenhum outro animal conseguiria jamais fazer. Esses movimentos são comandados pelo neocórtex e exigem seu monitoramento ininterrupto.

Em qualquer ocasião em que você esteja muito zangado ou irado, praticamente fora de si, você recuperará a calma e o melhor domínio de suas emoções simplesmente repetindo esses movimentos.

Mais do que isso, você perceberá que, quanto mais esmerados forem seus movimentos, mais rapidamente você controlará sua ira".

– Controlar nossos comportamentos e nossas emoções já sabemos – comentou Adão, quando terminou a leitura das anotações da conversa com Hamed que Samira entregou a ele.

– Você sabe controlar seus comportamentos e emoções. E tem pessoas que fazem isso melhor do que você. A maioria, inclusive eu mesma, tem mais dificuldade em manter as próprias emoções sob controle – retrucou Samira.

– É verdade, Samy, mas eu queria saber mais sobre o controle do funcionamento do corpo e de nossos órgãos; sobre nossa capacidade de controlar nossa saúde e bem estar, inclusive.

– O Hamed começou a falar alguma coisa sobre isso, mas deve ter notado que eu estava desconfortável para os temas mais transcendentais ...

– Veja, Samy, para mim, a capacidade de dominar e administrar nossa fisiologia será a primeira força física da mente que vamos desenvolver. Eu acredito, inclusive, que já existem pessoas entre nós com essa capacidade bem desenvolvida.

– Tipo cura com as mãos? Tipo milagres?

– É, você sabe que a maioria absoluta de todos os casos noticiados e divulgados navegam entre o fanatismo religioso e o charlatanismo, mas existem alguns casos que parecem mesmo reais.

– De milagres?

– De curas inexplicáveis, comandadas pela força da mente e atribuídas a Santos, Espíritos ou Curandeiros. Eu viajei e conversei cinco horas com um médico cético cujo filho, de onze anos, totalmente desenganado, recuperou-se completamente sem nenhum tratamento da medicina tradicional, assistido por um Médium.

Ele acredita que foi o espírito evocado pelo Médium. Eu tenho certeza que foi o próprio menino.

– Devem existir muitos casos assim – comentou Samy.

– É por isso que acredito que muitos de nós temos esses poderes. E que todos nós os teremos em um futuro mais distante.

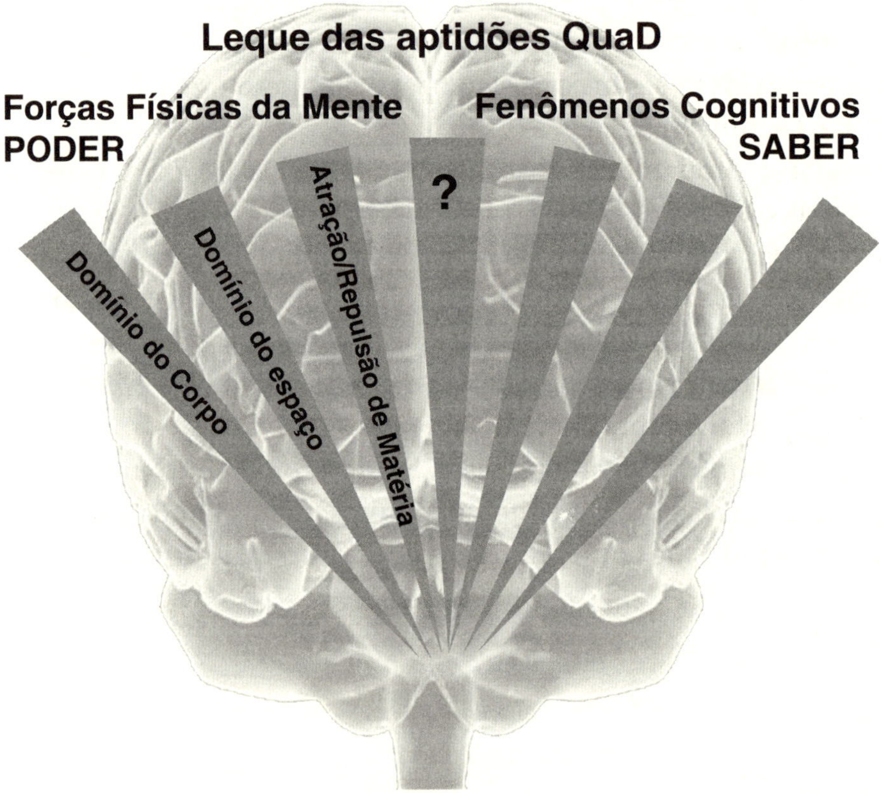
Leque das aptidões QuaD
Forças Físicas da Mente
PODER
Fenômenos Cognitivos
SABER
Domínio do Corpo
Domínio do espaço
Atração/Repulsão de Matéria
?

Atração e Repulsão

O trem-bala Tokyo-Kyoto levou Adão e Samy, em menos de trinta minutos, ao sopé do monte Fuji.

Com a mão direita colada à altura do lado esquerdo do coração, Samira sorria para a câmara tendo atrás de si o cume nevado do mais conhecido símbolo do Japão.

Adão conhecia de longa data aquele gesto que denotava "falta de ar" – *breathtaking*, como dizem os americanos – para referir-se aos causadores de grandes emoções.

Grandes emoções eram os desafios de Samira em todas as viagens. E novamente ela encontrava mais do que um cálice sagrado.

O monte Fuji, carinhosamente chamado pelos japoneses de Fuji-San, é um dos mais belos cartões postais do Japão, além de ser considerado uma das montanhas mais bonitas do mundo, devido à sua beleza e simetria. Na verdade, o Fujiyama não é simplesmente uma montanha. Trata-se de um vulcão que está em inatividade há mais de 300 anos e que acabou se tornando uma das atrações mais populares do Japão.

O Monte Fuji é considerado sagrado pelos japoneses e, desde os tempos antigos, pelos budistas, que acreditam que a montanha é a porta de entrada para um novo mundo, juntamente com o Monte Tate e Monte Haku, que formam as "Três Montanhas Sagradas" do Japão.

A ideia de "porta de entrada" para um novo mundo encantou Adão. Nesse novo mundo, que ele e Samy perseguiam em suas viagens reais e imaginárias no "tapete mágico", o homem teria, mais do que controle total sobre seu corpo, o controle total sobre o espaço ao seu redor, podendo tanto mover-se para qualquer lado ou distância quanto mover objetos usando apenas a força de sua mente usando sua capacidade de atrair e repelir as matérias.

Essa percepção foi inspirada pela própria viagem no trem-bala, quando receberam a informação que o novo modelo em construção, em lugar de rolar sobre os trilhos, iria flutuar sobre eles, utilizando a força de poderosos eletroímãs, de forma a eliminar todo o atrito entre rodas e trilhos, permitindo velocidades ainda maiores do que as atuais, total ausência de solavancos e silencio quase absoluto.

Adão considerou o desenvolvimento de uma força eletromagnética da mente e anotou, em seu leque de aptidões QuaD, logo acima das lâminas "Domínio do Corpo" e "Domínio do Espaço", uma nova lâmina com a expressão "Atração e Repulsão de Matéria".

Sentiu que estava a um passo de fechar sua visão para os capítulos dos Poderes Quase Divinos do homem.

I believe I can fly

Adão lembrou-se de sua viagem imaginária na nave São Gabriel tão claramente quanto de suas últimas viagens reais com o mesmo destino de Vasco da Gama.

E nem poderia ser de outra forma. Ao desembarcar no aeroporto de Macau, ele e Samira se defrontaram com uma nova versão de Las Vegas em construção na Cotai Strip, uma península artificial edificada sobre a ilha de Taipa, ao sul da cidade antiga, e inspirada na Vegas Strip, a avenida central dos grandes cassinos de Las Vegas.

Alí, tão à vista do aeroporto quanto estavam do Mc Carran, em Las Vegas, o MGM, o Mandalay Bay, o Luxor, o Excalibur e o New York, New York, encontraram, além do Venetian Macau, os novíssimos Gran Hyatt, o Hard Rock; o Crown Towers e vários outros como o Four Seasons, prestes a entrar em funcionamento.

O destino de Adão e Samira, para o qual rodaram diretamente a bordo de um dos luxuosos ônibus da frota particular do hotel, era o Venetian Macau, naquela data o maior cassino do mundo à frente do próprio complexo Venetian Vegas e Encore, do mesmo dono em Las Vegas, que voltaria a assumir o título poucos anos depois.

Depois de passar pelo maior arranha-céu do mundo em Dubai, essa busca do "maior do mundo" servia para Adão e Samira compensarem a substituição, em suas viagens, do projeto "Muralha da China".

Mas, maior do mundo era mesmo o projeto de Adão para identificar as aptidões quase divinas do homem e para resolver o enigma do destino da espécie humana no universo.

Em um projeto dessa dimensão, seguir a rota da Nave São Gabriel e os caminhos – ou as águas – trilhadas pelas grandes navegações portuguesas para "além da Taprobana" parecia apenas natural.

A Macau, originariamente instalada pelos portugueses, em 1557, sobre uma aldeia junto à Foz do Rio das Pérolas, transformou-se no primeiro entreposto europeu em solo chinês, servindo de intermediária no comércio e trânsito de mercadorias entre a Europa, a China e o Japão.

Em 1887, a China havia reconhecido oficialmente a soberania e a ocupação perpétua portuguesa sobre Macau e, somente em 1987, um novo acordo foi assinado para a devolução da cidade aos chineses em dezembro de 1999 como uma Região Administrativa Especial.

A Macau portuguesa encontrada por Adão e Samira guardava, no centro velho, poucos remanescentes da arquitetura colonial portuguesa, mas os nomes das ruas e avenidas não permitiam esquecer os mais de 400 anos de soberania portuguesa: Rua do Porto, Rua da Alfândega, Rua do Asilo, Largo do Senado, Av. Infante D. Henrique, Av. Dr. Mario Soares.

Em sua primeira noite de sono no Venetian, Adão voltou à cena vivida no século 18 no beco escuro de Londres onde se vira flutuando a poucos metros de altura sobre seu corpo estendido em uma poça de sangue depois de ataque do bando de hienas e do roubo de suas botas.

Só que, agora, ele não estava só flutuando. Seu corpo ganhava altura e derivava sem controle, de um lado para outro, como se estivesse em uma situação de gravidade zero, em uma cápsula espacial ou em um poço de vento.

Fechou os olhos, endireitou o corpo e ficou imóvel, percebendo que suas pernas apontavam diretamente para o centro da terra.

Percebeu que esse alinhamento era comandado pelos sensores de equilíbrio do sistema vestibular em seu ouvido interno.

Constatou que podia controlar os movimentos de seu corpo e a direção de sua flutuação movendo a cabeça, os braços e as pernas, como se estivesse nadando.

Efetivamente, ele estava nadando em um ambiente em que o ar atmosférico substituía a água.

Mas ele era mais pesado do que o ar. Por que não caia?

A resposta veio de imediato em um flash de memória para o recorte de uma conversa recente com o Professor Módena:

"*– A força gravitacional é fraca?*

– É, de longe, a mais fraca de todas.

– Ainda assim, se pudéssemos controlá-la...

– A ciência está trabalhando nisso. Acredito que, no futuro, teremos veículos e naves espaciais movidos pela força gravitacional.

– A evolução do homem também. Acredito que, dentro de alguns milênios nem vamos precisar mais desses veículos".

Fechou essa lembrança anotando que, se pudéssemos controlar a força gravitacional de nosso próprio corpo, poderíamos voar para qualquer direção e movimentar objetos independentemente de sua massa ou distância, apenas aumentando essa força.

O Taj Mahal

Desde a ampla sacada dos fundos do majestoso lobby do Oberoi Amarvilas, em Agra, Adão e Samira contemplavam no horizonte, a menos de um quilometro de distância, a cúpula central e os minaretes do Taj Mahal.

Foi inevitável para Adão cruzar mentalmente a imagem do Domo da Basílica de São Pedro com a visão, agora, da cúpula branquíssima da Taj Mahal.

Rememorou a história de amor que deu origem a esse monumento, quando o príncipe Kurram, em 1612, casou-se com a princesa rebatizada pelo seu pai como Mumtaz Mahal ("A eleita do palácio") e assumiu o trono, em 1628, com o nome de Shah Jahan ("O Rei do Mundo").

Rememorou a morte da rainha, com 39 anos de idade, ao dar à luz seu 14º filho, e o imenso desgosto de Shah Jahan decretando um luto oficial que durou mais de dois anos e decidindo eternizar a lembrança de Mumtaz com a construção de uma tumba memorial inigualável.

Para realizar esse projeto, reuniram-se em Agra as maiores riquezas do mundo: o Mármore fino e branco das pedreiras locais, Jade e Cristal, da China, Turquesa, do Tibet, Lápis Lazúlis, do Afeganistão, Ágatas, do Yemen, Safiras, do Ceilão, Ametistas, da Pérsia, Corais, da Arábia Saudita, Quartzo, dos Himalaias, Ambar, do Oceano Índico.

Descendo da grandiosidade da construção, com sua icônica torre central, para os detalhes de sua arquitetura e decoração, o que mais chama a atenção dos milhares de turistas que visitam o Taj Mahal são os arabescos exteriores com desenhos muçulmanos de pedras semi-preciosas cravejadas no mármore branco, segundo a técnica Italiana de marchetaria utilizada pelos artesãos hindus.

Os ornamentos desse tipo presentes em todos os recantos do mausoléu são feitos com tamanha delicadeza e precisão que suas juntas só podem ser vistas com o auxilio de lupas e iluminadas de perto por lanternas. Uma flor de apenas sete centímetros quadrados pode ter até 60 incrustações distintas.

Enquanto um séquito contínuo de mais de cinquenta pessoas atravessava o interior do memorial observando os detalhes das decorações descritos pelos muitos guias em diferentes idiomas, Adão, alheio ao movimento de turistas ao seu redor, via-se circulando no meio dos milhares de operários e artesãos que estavam, naquele momento, construindo a tumba.

Como havia previsto na formatura de sua turma, Adão voltou a encontrar seus alunos reconhecendo-os por um simples olhar e pelo trabalho em que estavam envolvidos. Atílio, ao vê-lo, levantou-se e foi até ele estreitando-o em um caloroso abraço, entusiasticamente correspondido por Adão.

Palavras não trocaram porque suas mentes estavam em pleno contato.

Nesse passeio imaginário, há mais de 400 anos no passado, Adão viu a Criatividade e a Arte de Júlio, o Engenho de Douglas, a Disciplina de Aristides e a Liderança de Atilio juntando os maravilhosos materiais criados por Deus para gerar novas composições ainda mais bonitas e expressivas dando significado a todas e a cada uma delas.

Enquanto reconhecia cada um de seus alunos e constatava que eles também o reconheciam pela luz em seu olhar, reconfirmava todas suas observações e anotações sobre a inteligência e sobre as diversificadas aptidões dos seres humanos e, mais do que isso, sobre como, pensando e trabalhando juntos, eles evoluíam em direção ao Criador.

No Taj Mahal, os homens produziram, com as criações de sua mente e com a arte de suas mãos, peças e materiais que não podiam ser encontradas em nenhuma outra parte do mundo.

E Adão tinha a certeza, embora ainda não tivesse a prova, que os artesãos, naquele tempo, haviam atraído, com a força de sua mente, fragmentos de matérias que não estavam listadas no projeto do monumento e criado novas matérias a partir desses fragmentos e, também, a partir do nada.

Mesmo que isso não fosse um fato, Adão sabia que, mais cedo ou mais tarde, provavelmente em um futuro muito distante, mas inevitável, o homem coroaria seus "Poderes Quase Divinos" com a capacidade de criar matéria a partir do nada e de combinar energia com matéria como fez o Deus Óbvio.

"Criação de Matéria" foi o que Adão anotou na folha central de seu leque das aptidões QuaD, apressando-se em compartilhar a ideia com Samy e com o professor Módena.

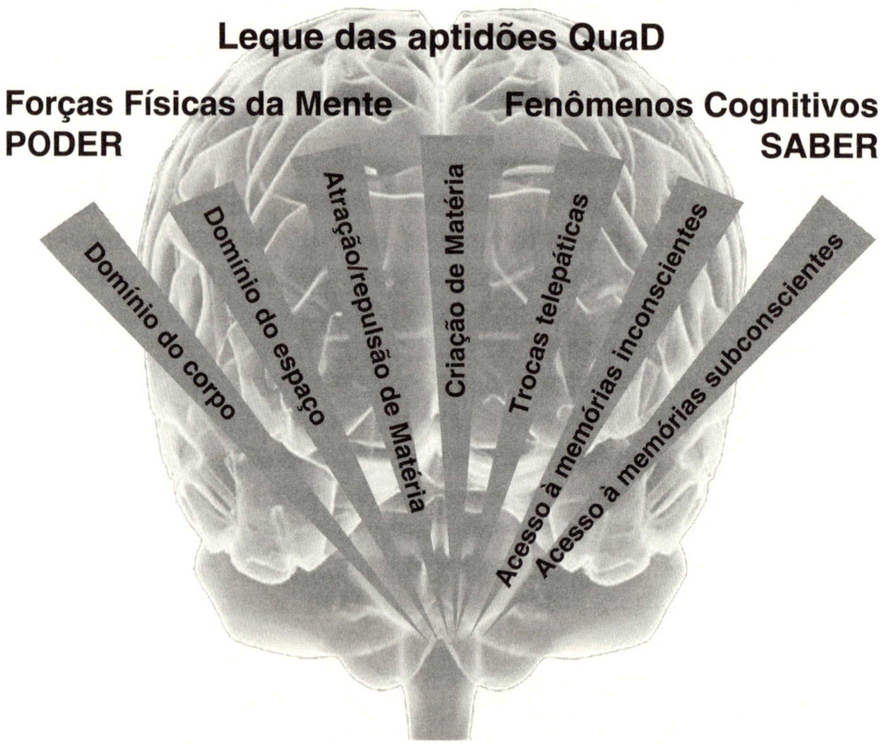
Leque das aptidões QuaD
Forças Físicas da Mente
PODER
Fenômenos Cognitivos
SABER
Domínio do corpo
Domínio do espaço
Atração/repulsão de Matéria
Criação de Matéria
Trocas telepáticas
Acesso à memórias inconscientes
Acesso à memórias subconscientes

Monte Palomar

A rotação do motor do Corsair saltou rapidamente para 3.500 giros, sem que o carro aumentasse de velocidade. A estrada começava a subir.

Adão desligou o piloto automático em um gesto mecânico. Percebeu que estava distraído demais para trafegar em uma estrada que não conhecia.

Viajava sozinho de San Diego para Los Angeles e, nesse ponto, a Road 58 afastava-se mais do litoral do Pacífico encontrando uma serra.

Mte. Palomar 6 miles, dizia a placa indicativa sobre a estrada.

Adão havia aprendido sobre o Monte Palomar nos tempos de colégio – o maior observatório astronômico do mundo. Agora já não era mais, embora continuasse a ostentar o maior telescópio ótico construído pelo homem.

E havia o Humble. O supertelescópio ótico em órbita terrestre, espreitando e fotografando, livre das interferências e distorções provocadas pela atmosfera, os fenômenos celestiais perdidos na imensidão do espaço.

Adão pensava nisso enquanto, já desembarcado no Palomar, examinava a grande foto colorida de uma galáxia distante que mais parecia um redemoinho de luzes e estrelas.

A vista de Adão foi se aproximando do centro daquele turbilhão e ele começou a vê-lo em movimento e a ouvir seu formidável ronco.

Ele viu o fantástico "buraco negro" sugando e aparentemente moendo todas as estrelas e nuvens de gás ao seu redor, como se fossem as pás de um liquidificador gigantesco.

Mas, não era a mesma coisa. Os corpos celestes atraídos para o núcleo daquela galáxia não estavam sendo triturados e reespalhados. Eles estavam, apenas, "sumindo" no buraco negro.

Adão olhou mais e viu melhor.

Não era um buraco, mas um ponto negro que absorvia todas as coisas a seu redor, comprimindo-as dentro de si.

Ele não mudava de tamanho, como seria natural se todas as estrelas e nuvens de gases estivessem simplesmente se juntando em um único aglomerado.

Mas, elas não estavam se agrupando. Toda aquela massa estava apenas e simplesmente se compactando na forma de energia pura.

Adão se viu olhando nos olhos de Deus.

Que revelação! Todo o mistério do universo começou a se esclarecer em sua mente a uma velocidade fantástica.

Agora ele sabia...tanto quanto o tempo e o espaço, tudo o que existe no universo é infinito.

Sempre existiu e sempre existirá.

E tudo o que existe no universo são partículas de matéria e partículas de energia, em gigantescas e em minúsculas concentrações e, também, em permanente turbilhão.

Nessa agitação incessante, energia e matéria se fundem dando origem a tudo o que pode ser visto e a tudo que não pode ser visto.

As nuvens cósmicas, as galáxias, os buracos negros, os *pulsars* e os *quasers*, a luz, as estrelas, os planetas e todos os demais corpos celestes, com tudo que eles contém.

A radiação, as ondas sonoras e eletromagnéticas.

A gravidade e os raios gravitacionais.

A combinação de energia pura com partículas de matéria dá origem aos átomos, cujo arranjo gera todos os compostos químicos, os gases, os líquidos e os corpos sólidos. Os átomos também formam as moléculas, os complexos moleculares e todos os seres vivos.

E o que anima e dá movimento e vida aos corpos tornando-se a essência, o centro, o núcleo, o espírito ou a alma de todas as coisas é a energia.

Se, naquele momento, Adão tivesse de dar um nome para toda a energia do universo, ele a chamaria de Deus.

Seus pensamentos continuavam a girar em torvelinho: quando um pequeno átomo é rompido, ele libera quantidades brutais de energia. Quando minúsculas partículas de um átomo se juntam, elas novamente movimentam quantidades brutais de energia.

Os enormes cogumelos das explosões atômicas, das bombas de urânio e hidrogênio, apareceram na mente de Adão.

E esses cogumelos cresceram para dimensões astronômicas.

Enormes concentrações de partículas de matéria e energia trabalhando no seio de gigantescas nuvens cósmicas dão origem às estrelas, algumas tão gigantescas que seu diâmetro supera o eixo de todo o sistema solar (Alpha de Centauro!).

Minúsculos fiapos de estrelas lançados no espaço ao seu redor pela incessante agitação promovida pelas partículas de energia dão origem aos planetas e aos sistemas planetários.

O incessante atrito da energia e das partículas de matéria interestrelar e interplanetária produzem a gravitação universal.

Dentro de cada planeta, esse turbilhão contínuo de energia e matéria projeta satélites e anéis de poeira, como os de Saturno, e precipita gases em metais pesados fazendo com que imensas massas gasosas, como o planeta Júpiter, se transformem em esferas de magma, como a Terra, Marte ou Vênus.

Em corpos celestes muito enlouquecidos, como as estrelas, incluindo nosso vizinho e pai, o Sol, o turbilhão de matéria e energia é alucinante, espalhando luz, calor e radiações cósmicas de todos os tipos, conhecidos e desconhecidos, em todas as direções.

Em planetas aparentemente calmos como a Terra, imensas placas de rocha deslocaram-se e continuam a se deslocar sobre o magma fluido dando origem aos continentes como hoje os conhecemos.

Pacatas planícies explodem levantando-se em picos gigantescos.

Adão pensou particularmente no Materhorn, fragmento de um enorme depósito sedimentar de rocha plana levantada do chão até um ângulo de quase oitenta graus.

O magma fervente e reprimido escapa das entranhas da terra projetando-se até a atmosfera e criando os grandes vulcões.

Adão lembrou-se do Vesúvio.

Na atmosfera, a turbulência permanente de partículas de matéria e energia é visível todo o tempo.

Nos objetos aparentemente inertes como uma rocha ou até naqueles forjados pelo homem, como uma lâmina de aço, uma inexplicável trinca súbita denuncia a presença de energia em movimento no seu interior.

Agora, ele sabia.

Todas as coisas têm uma "alma" viva e tanto as almas como os corpos são eternos.

Não existe, efetivamente, a morte, mas apenas a transformação contínua de matéria e energia em novas entidades.

As partículas de matéria, soltas e abundantes no universo, não têm identidade ou personalidade até serem capturadas por laivos de energia.

Quando o complexo de energia responsável pela vida e animação dos vegetais, dos animais e seres humanos se desintegra, o ser vivo, como entidade, inicia seu processo de desagregação em outras entidades – produtos químicos – e transformação em novas formas de matéria e, até, em novos seres vivos.

Agora, ele sabia.

O postulado enunciado pelo químico Lavoisier:

"Na natureza nada se cria, nada se perde, tudo se transforma" se aplica a todos os fenômenos universais, muito além do que se entendeu, até então.

Da mesma forma como a água converte-se em vapor, congela na estratosfera e volta a precipitar-se sobre a terra em forma líquida ou sólida; da mesma forma como o magma se solidifica em rochas e é depois desintegrado pela chuva, pelos ventos e pelas geleiras, formando depósitos de lama que dão origem a novas rochas sedimentares; da mesma forma como os vegetais crescem, produzem frutos e sementes repovoando o solo a seu redor e como as borboletas e mariposas evoluem de larvas para casulos, antes de abrir suas asas, também os animais e o homem não nascem, nem morrem. Apenas se transformam.

"Trocam de casca" em períodos curtos e trocam de forma e natureza em períodos mais longos.

Existe uma cadeia de transformação que nunca se interrompe, ligando o homem moderno aos seus mais remotos ancestrais e que o ligará ao homem do futuro e a futuros seres e entidades do universo.

Agora, ele sabia.

Era ele, sim, quem estava no corpo do Teriodonte "morto" há 65 milhões de anos quando o impacto de um asteroide espalhou radiação por toda a Terra e a mergulhou em uma escuridão milenar.

Fragmentos de sua "alma" liberada – da energia que o mantinha vivo na forma de um dinossauro – realojaram-se em novas "cascas" e, antes de chegar até o professor, passaram pelo lobo, pelo primata que fugiu com sua família dos insetos da floresta, pelo homem pré-histórico que chegou ao Egito e atravessou o Mediterrâneo, pelos primeiros exploradores no Novo Mundo, pelo Maori na Nova Zelândia e pelo soldado polonês, Jan, sua mais recente vestimenta.

Agora ele sabia que as "almas", compreendidas como o núcleo ou essência das coisas e como "fiapos" de energia pura, são entidades abundantes no universo e básicas para a composição dos seres vivos, tanto quanto dos inertes.

Nós pensamos que somos nós, estruturas tênues e efêmeras de carne e osso – na verdade de carbono, água e pequenas quantidades de outros elementos químicos – os príncipes do universo, só regidos pelas grandes forças da natureza e reinando sobre todas as outras.

Na verdade, os príncipes do universo são as almas, entidades centrais de todos os seres e, mais visivelmente, dos seres vivos.

Manitú! O espírito das coisas! O indígena americano já sabia. Ou adivinhava.

Não são as pessoas e outras entidades que têm almas. São as almas que têm as pessoas e outros aglomerados físicos como seus veículos.

Existe vida após a morte?

Agora, ele sabia. Com toda a convicção:

– Só e eterna.

As almas humanas são efetivamente imortais eternizando-se através da passagem de geração para geração e subdividindo-se entre os descendentes de cada um, em uma cadeia contínua.

Quando os corpos "morrem", as almas ou espíritos reassumem sua forma etérea e original de energia pura e flutuam livres até um novo habitat.

Agora, ele sabia que toda a energia liberada pelos seres vivos pode tanto passar para seus herdeiros como dar origem a novos seres diversificados de "cadeias evolutivas".

Nessa caminhada, elas irão forjando seres vivos com estruturas espirituais mais complexas.

Os sábios, magos, bruxos, mestres, metagnomos e anjos, identificados na literatura esotérica, na parapsicologia e nas religiões, são entidades consequentes dessa aglutinação de almas.

E Deus?

Agora, ele sabia.

Deus é, simplesmente, o conjunto de toda a energia, que alavancou, alavanca e alavancará o universo.

O Criador e regente máximo de todas as coisas. Do universo, dos corpos celestes com todos os seus habitantes e, inclusive, de seus próprios "fiapos" – as partes de energia que darão origem a todos os seres vivos – a "alma" de cada um desses seres vivos.

Onde está Deus?

Por definição e consequência, em todas as partes.

O que ele pode?

Evidentemente, tudo.

Cruel ou misericordioso?

Agora, ele sabia e entendia que o Deus que antecedeu e gerou todo o universo não é o regente dos comportamentos humanos e muito menos dos pequenos ou grandes incidentes do dia a dia dos seres vivos.

Deus é energia pura, despida de cognição, de sentimentos e, certamente, de quaisquer propostas morais elaboradas pelo homem.

Para Ele, construir ou destruir são dois lados de uma mesma ação porque cada vez que a natureza destrói algo, ela está criando alguma coisa nova.

O Deus das religiões, que teria criado o homem à sua imagem e semelhança, foi, na realidade, criado pelo homem, à sua imagem e semelhança.

Certamente não à qualquer semelhança física porque devia ser evidente, claro, óbvio, como descobriu Adão, que Deus não precisaria de nenhum órgão para locomoção, reprodução, ingestão ou digestão de alimentos.

Tanto física como psicologicamente falando, Deus não se parece em nada com o homem.

Já o homem é, efetivamente, semelhante a Deus, em sua capacidade de criar e modificar a natureza. Por isso, talvez seja mesmo seu "filho" predileto.

Tudo o que o homem aprendeu observando a natureza é, evidentemente, um "ensinamento de Deus".

Mas, os mandamentos e ensinamentos atribuídos a Deus pelas religiões foram criados pelo homem.

Não por qualquer outra força na natureza porque é óbvio que eles, efetivamente, só se aplicam ao homem.

Nesse momento de revelação, Adão não se sentia menos religioso. Pelo contrário. Entendia a diferença entre acreditar em Deus, querer acreditar ou ter a certeza de que Ele está em cada um de nós, queiramos ou não.

Ele entendeu que atribuir a Deus as regras e normas propostas nas religiões, significava nivelar a "sabedoria" de Deus ao nível de raciocínio do homem.

Deu-se conta que o conhecimento do verdadeiro Deus – desse Deus Óbvio – levará o homem para mais perto d'Ele.

Entendendo como obra de Deus tudo o que está a seu redor, o homem redescobrirá o mundo, a natureza e todas as criaturas de Deus.

Reaprenderá a amá-las e respeitá-las.

Saberá que Deus nunca disse ao homem para subjugar a Terra. Nunca disse, na verdade, algo que pudesse ser posto em palavras.

Só mostrou.

Sua mensagem mais clara e evidente é para que o homem viva em harmonia com a natureza.

Observando e copiando a natureza, o homem aprendeu, pouco a pouco, a maioria das coisas que sabe.

Assim foi com todas as "descobertas", desde o fogo até a roda, a alavanca e as primeiras máquinas e ferramentas.

Analisando, especulando, criando e inventando, o homem acelerou seu próprio desenvolvimento, dando origem a coisas que não existiam no universo.

Tornou-se, ele próprio, um novo deus. O segundo Deus Óbvio.

E vestiu, com as roupas e ideias desse deus menor, o Deus maior, atribuindo a Ele valores humanos.

Criou virtudes e limites para esse Deus, como nas propostas "Deus é Fiel", "Deus é Justo", "Deus escreve certo por linhas tortas", "Deus criou... e viu que era bom".

E, até, deu a Ele conselhos e padrões para conduta: "Perdoai nossas ofensas, assim como nós perdoamos a quem nos tem ofendido".

Desde as mais remotas civilizações, o homem tem colocado ideias na mente de Deus e palavras em sua boca, limitando a sabedoria de Deus à sua própria sabedoria.

O homem tem visto a "Mão de Deus" na emergência dos grandes eventos que não foram criados pelo próprio homem, como todo o universo, a terra e seus habitantes, a deriva dos continentes, as erupções vulcânicas, os terremotos e os maremotos. As grandes tempestades.

Deus tem visto a "mão do homem" em tudo o que acontece com o próprio homem.

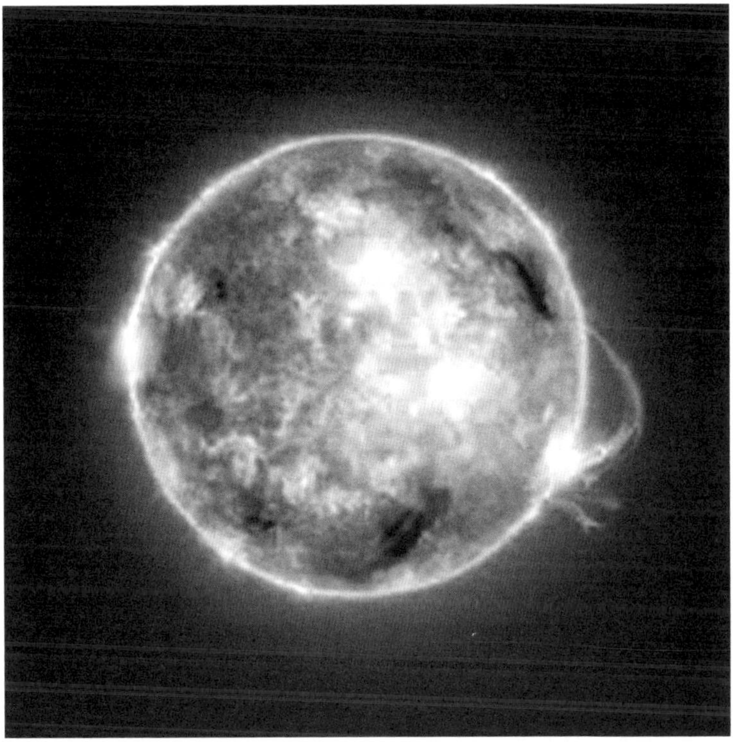

O bisneto de Adão

As pesquisas com o *Human Evolution Accelerator* (HEA 2082) foram mantidas em absoluto sigilo até o dia nove de setembro de 2099.

Ao longo dos dezessete anos precedentes, desde seu desenvolvimento nos laboratórios de biotecnologia da Universidade Estadual de Ohio, a fórmula capaz de acelerar o processo evolutivo dos seres vivos na passagem de pais para filhos e, logo, em períodos muito mais curtos, como dias e horas, já havia transformado amebas em animais, eliminado os resquícios da ossatura dos quadris em baleias jubarte e produzido macacos que começavam a aprender a falar.

Mas, nunca havia sido testada em seres humanos, juravam os laboratórios credenciados pelo HEA que estavam legalmente proibidos de fazer isso, e acreditava quase toda a sociedade, em todo mundo.

No dia nove de setembro, o bisneto de Adão conseguiu fugir do laboratório simplesmente usando os recursos que o processo evolutivo acelerado haviam produzido nele.

E a história completa e detalhada do HEA 2082 veio à tona em uma notícia urgente através de todas as emissoras de holografias em cadeia e das informações divulgadas em todos os canais de ciências da WEB e por todos os meios de comunicação e redes sociais.

E ela foi apresentada de forma tal que não restasse qualquer dúvida sobre sua veracidade, em um evento transmitido ao vivo pelo bisneto de Adão, seu principal protagonista.

Através do rádio, ele poderia mentir, usando palavras e sons. Através da holovisão, ou ao vivo, isso não poderia ser feito porque todos veriam o seu corpo.

Ele revelou que, no início das experiências, ninguém tinha aquele corpo.

O experimento havia selecionado um grupo de voluntários para participar da aventura, separando-os em diferentes grupos profissionais.

A injeção do HEA nesses indivíduos começou por produzir mutações personalizadas criando homens com corpos e mentes peculiares, adaptados à sua ocupação.

Como entre as formigas e abelhas. Soldados, operários, rainhas.

Os atletas e grande parte de seus herdeiros desenvolveram mutações físicas adequadas às suas especializações. Gigantescos basquetebolistas, atarracados halterofilistas, nadadores com ombros cada vez mais largos, pés já parecendo nadadeiras e membranas entre os dedos das mãos, além de uma capacidade respiratória multiplicada.

Era como se as adaptações ao ambiente, registradas pioneiramente por Darwin, transcorressem no período de meses.

Músicos instrumentistas e seus herdeiros tinham seus corpos e suas capacidades estreitamente ajustadas aos instrumentos que tocavam.

Pessoas que trabalhavam em recintos escuros experimentaram, inclusive, o crescimento de seus globos oculares.

A maior parte das pessoas comuns perdia constituição física e ganhava compleição intelectual, inclusive com o aumento exacerbado do tamanho de seus cérebros e magnificação de sua capacidade visual e auditiva. Elas viam e se moviam na escuridão total sem precisar de qualquer artefato iluminador.

Com o tempo e continuidade de uso do HEA, as pessoas derivavam cada vez mais por esse caminho.

Os sistemas digestivos se atrofiaram em mais de setenta por cento e as pessoas podiam alimentar-se de uma simples pílula diária.

A partir de um dado momento, elas começaram a ouvir as mensagens de seus interlocutores antes que elas fossem colocadas em palavras.

Os cientistas envolvidos no projeto passaram a antever a evolução de um sistema de comunicação e aprendizado totalmente telepático e de um sistema de locomoção flutuante totalmente comandado pelo pensamento.

O bisneto de Adão era uma esfera de plasma translúcida, quase transparente, com um diâmetro de 40 centímetros e capaz de assumir qualquer forma imaginável, desde uma asa delta até um ser humano normal com braços, pernas, cabeça e pescoço.

Desde uma centopeia, deslizando em alta velocidade no solo, até um golfinho, rasgando as águas superficiais de uma lagoa ou profundas de um oceano. Criaturas adaptadas a quaisquer espécies de ambientes, em qualquer parte do universo.

Adão sorriu feliz em seu novo corpo e com a identidade de um aficionado pela equitação, batizado como Jan, em seu novo habitat, o planeta Zóide, a milhares de anos-luz da Terra.

Nesse planeta e nesse tempo, Adão era, ele próprio, uma esfera de plasma onisciente sabendo de tudo o que tinha acontecido no universo até então e de tudo o que estava acontecendo em qualquer canto do universo para o qual decidisse lançar seu pensamento.

Feliz, também, em constatar que o professor Módena havia acertado em cheio com sua hipótese desenvolvida há mais de 90 anos, quando eram jovens colegas de magistério, sobre o "desenho inteligente" do ser humano.

Uma esfera. Só Deus seria capaz de imaginar uma forma tão perfeita e de produzi-la aos bilhões.

E muito feliz, ainda, por constatar que ele próprio havia acertado em cheio quando afirmou que os homens, por mais que evoluíssem, nunca poderiam ver, realmente, o futuro, nem mesmo saber se e quanto futuro teríamos, embora pudessem avaliar com precisão seus possíveis desdobramentos:

Antever que novas tecnologias seriam desenvolvidas.
Projetar e desenvolver novas fontes de energia.
Criar novas maneiras de produzir alimentos.
Otimizar os processos educacionais.
Dar saltos inimagináveis na engenharia e medicina.
Elaborar novos códigos de convívio social e político.
Explorar todo o universo.
Descobrir novas civilizações.
Aceitarem-se e serem aceitos como criaturas divinas.

* * *

Isso tudo, se o sol sob o qual estivessem vivendo, em qualquer momento do futuro, não viesse a se transformar, de uma hora para outra, em uma supernova, calcinando imediatamente todos os planetas de seu sistema e destruindo toda a vida. que eles houvessem abrigado ao longo dos milênios, como no cataclisma que há 65 milhões de anos, imediatamente após o clarão ofuscante, extinguiu os dinossauros que havia ocupado o planeta por mais de 220 milhões de anos.

Outras obras do autor:

- Qualidade Total – rompendo as barreiras entre a Teoria e a Prática (Makron Books)
- Dominando os Poderes da Mente (Makron Books)
- Qualidade Total – 100 gotas de Sabedoria (Makron Books)
- Marketing do Varejo e Alianças Estratégicas com a Indústria (Qualitymark Editora)
- Além da Inteligência Emocional (Editora Campus)
- Inteligência Total na Empresa (Editora Campus)
- Você Vende para as Lojas ou através das Lojas? (BookMidia Editora)
- Estratégias e Técnicas Avançadas de Negociação e Vendas (BookMidia Editora)
- Marketing voltado para o Turismo (BookMidia Editora)
- A Era do Talento (BookMidia Editora)
- Como Montar e Gerir uma Pousada (BookMidia Editora)

Créditos de Fotos

Páginas

12. www.reparei.com
18. www.segundaguerra.net
24. alinestardino. Blogspot.com
70. hyperscience.com
84. incondicionalmentevasco.com
104. cctv.com
117. regisacculorumimortalali. Worldpress. Com
194. livrodoartista.webmode.com.br

EDITORES
A CASA DO ESCRITOR BRASILEIRO

RG EDITORES
Rua Santo Antonio, 555, 1º andar, conj. 11
São Paulo/SP — CEP 01314-000
e-mail: rgeditores@rgeditores.com.br
Tel: (11) 3105-1743 fax: (11) 3106-6275
www.rgeditores.com.br

Livro impresso com papel Chamois Avena de 80grs da Vivox Papeis

Impressão e Acabamento
assahi
gráfica e editora ltda.